AF536123

Peter Schubert
Gudrun Oelze

# Faszination Elbe

von der Quelle bis zur Mündung

# Inhaltsverzeichnis



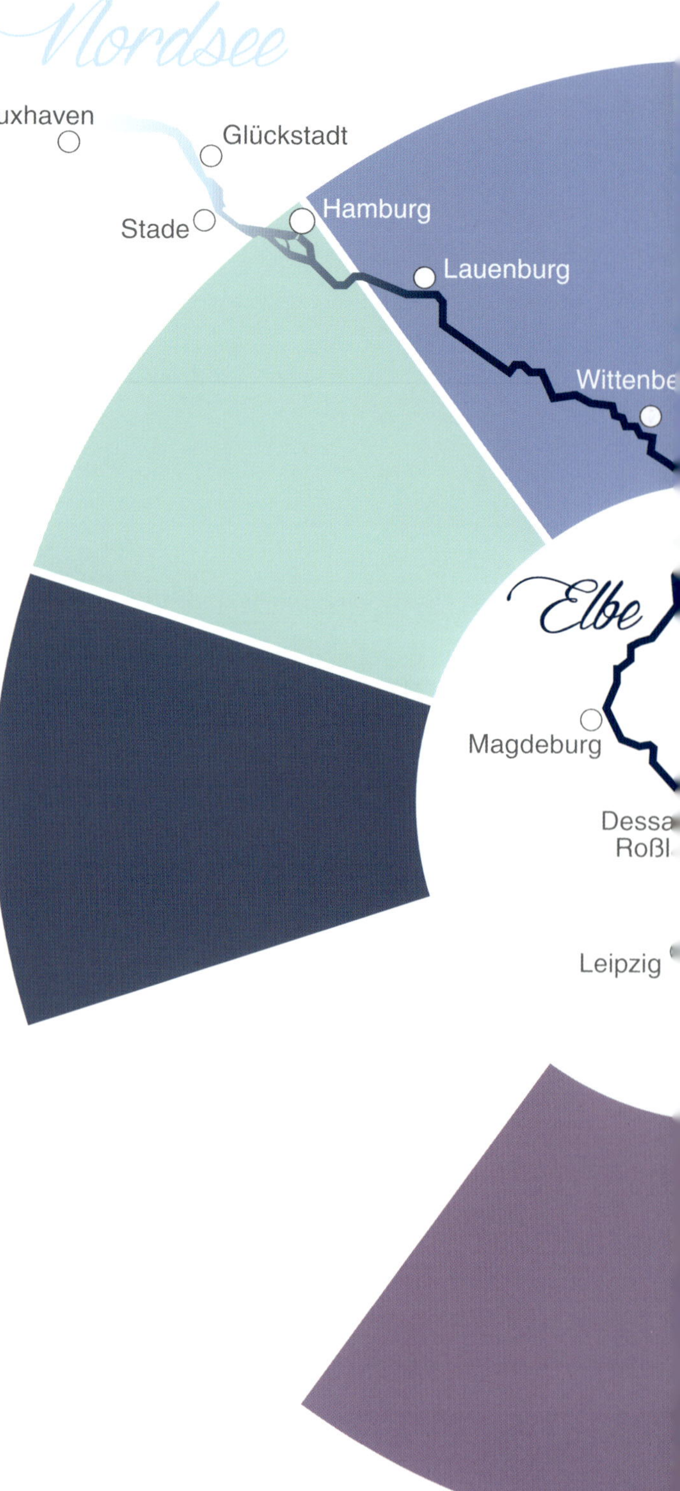

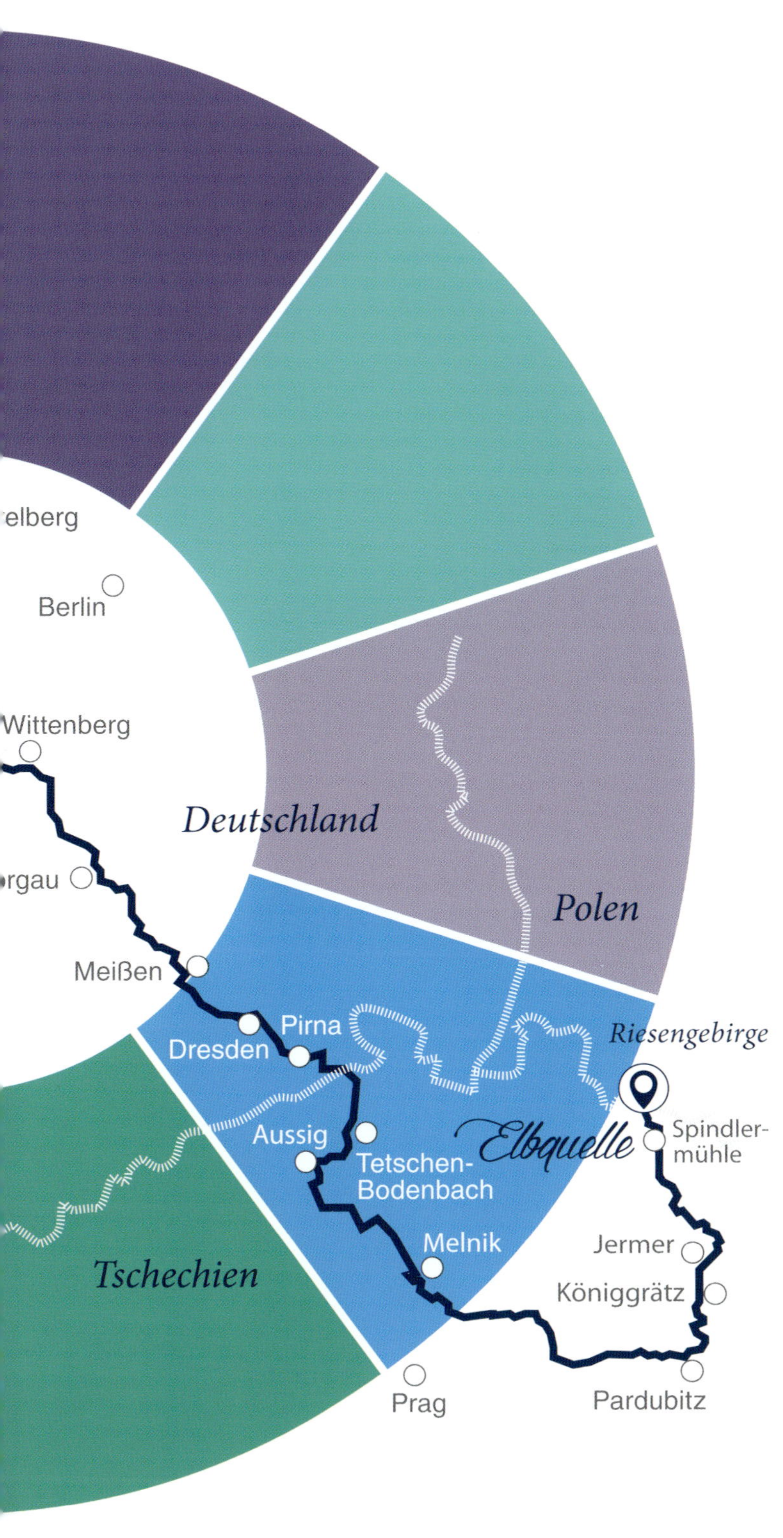
elberg
Berlin
Wittenberg
Deutschland
rgau
Meißen
Pirna
Dresden
Aussig
Tetschen-
Bodenbach
Melnik
Polen
Riesengebirge
Elbquelle
Spindler-
mühle
Jermer
Königgrätz
Prag
Pardubitz
Tschechien

# Vorwort

> „Und in dem Schneegebirge
> da fließt ein Brünnlein kalt.
> Und wer daraus tut trinken,
> der bleibt jung und wird nicht alt…"
>
> *Volkslied*

Es scheint, diese alte Volksweise ist nur für die Elbe geschrieben. Obwohl uralt, ist sie doch immer jung geblieben. Lange Zeit konnte sie sich frei entfalten, konnte das Wasser fließen, in sanften Wellen die Ufer formen. Doch auch hier hat der Mensch seine Spuren hinterlassen. Urkundlich belegt, seit mehr als tausend Jahren, sind der Bau von Deichen und Wehren, Wasserlaufverkürzungen und Flussbegradigungen. Vor etwa 200 Jahren begannen Arbeiten, um den Fluss für größere Schiffe durchgehend befahrbar zu machen. In jüngerer Zeit wurden Talsperren gebaut und Staustufen errichtet.

Auch Geschichte und Politik haben Spuren an der Elbe hinterlassen. Fast 50 Jahre lang war die Elbe Grenzfluss und Trennlinie zwischen Ost und West, unüberwindbar, auf einem Abschnitt von rund hundert Kilometern äußerst scharf bewacht. Paradoxerweise bewahrte die politische Unfreiheit der Menschen in der DDR dem Fluss seine heute europaweit beinahe beispiellose Freiheit. Im Streit der politischen Systeme wurde die Elbe kaum verändert. Der Ausbau des Stromes zur modernen Wasserstraße schien undenkbar. Und so bot die Elbe nach dem Fall der Mauer zwischen Ost und West die historische Chance, mitten in Europa eine naturnahe Stromlandschaft erhalten und bewahren zu können.

Tatsächlich ist die Elbe einer der letzten weitgehend naturnahen Flüsse in Mitteleuropa – unterteilt in die Abschnitte Obere, Mittlere und Untere Elbe, genannt Tideelbe. Von ihrer Quelle im Riesengebirge bis zur Mündung in die Nordsee legt sie knapp 1.100 Kilometer zurück.

Überall entlang der Elbe und an vielen ihrer Nebenflüsse wurden über die Jahre Deiche gebaut, erhöht und verstärkt, um Siedlungen, Dörfer und Städte, Straßen und Eisenbahnschienen sowie landwirtschaftlich genutzte Flächen vor Hochwasser zu schützen. Gereicht hat das nicht immer. Gleich zwei Mal in jüngerer Vergangenheit, in den Sommern 2002 und 2013, zeigte die Elbe, wozu die Natur fähig ist. Die beiden Jahrhunderthochwasser fluteten ganze Städte und zerstörten Tausende Häuser.

Doch hat die Elbe auch unter den Menschen gelitten. Ende der 1980er-Jahre galt sie als einer der am stärksten belasteten Flüsse in Europa. Kommunale, industrielle und landwirtschaftliche Abwässer der Ostblockbetriebe wurden, teils ungereinigt, eingeleitet. Sie machten die Elbe zu einer Kloake, in der viele Fischarten nicht mehr leben konnten. Mit der politischen Wende, Anfang der 1990er–Jahre, hat sich die Wasserqualität der Elbe wieder deutlich verbessert, vor allem durch den Bau von Kläranlagen und Produktionsstilllegungen auf dem Gebiet der ehemaligen DDR. Die Zahl der im mittleren Elbwasser schwimmenden Fischarten stieg wieder an. Heute gibt es über 40 Fischarten in der Elbe. Der Lebensraum Fluss bekam durch die hohe Wasserqualität nicht nur für Tiere, sondern auch für Pflanzen und den Menschen einen neuen Stellenwert. So wagen sich heute auch immer öfter Menschen für ein erfrischendes Bad in die Elbe.

Rund 940 der über Tausend Elbe-Kilometer sind heute schiffbar. Das ist wegen des jahreszeitlich bedingten Hoch- oder Niedrigwassers allerdings keinesfalls überall ganzjährig möglich. Im Interesse der Schifffahrt wurde die Elbe in Tschechien auf einer Länge von 170 Kilometern ausgebaut. Mehr als 20 Staustufen sichern dort die erforderlichen Tauchtiefen.
Von der deutsch-tschechischen Grenze bis kurz vor Hamburg fließt der Strom frei und ist über eine Strecke von 600 Kilometern von Kanalisierung und Staumauern verschont geblieben.

*Biosphärenreservat Mittelelbe – eindrucksvolle „Flusslandschaft Elbe" zwischen Magdeburg und Tangermünde*

Dort können Hoch- und Niedrigwasser die Landschaft mit ihren breiten Überschwemmungsflächen und wenig verbauten Ufern nach wie vor mitgestalten. Auch das gibt diesem einzigartigen Fluss seinen besonderen Reiz.

Den wollen heute viele Menschen und Institutionen erhalten. Auch künftige Generationen sollen die durch Menschen entstandene und intensiv genutzte Kulturlandschaft im Einzugsgebiet der Elbe erleben und genießen können. Auf tschechischem Gebiet stehen gut ein Fünftel der Elbe und ihrer Auen unter Naturschutz. Von der deutsch-tschechischen Grenze bis zur Mündung in die Nordsee wird der Fluss fast durchgängig von Natur- und Landschaftsschutzgebieten rechts und links der Ufer begleitet. Von der Mittelelbniederung bis zur Norddeutschen Tiefebene steht die Flusslandschaft Elbe sogar unter dem besonderen Schutz der UNESCO. Dieses Biosphärenreservat verbindet zusammenhängende Flächen in fünf deutschen Bundesländern.

Dem Reiz der Elbe ist auch der Fotograf Peter Schubert erlegen. Aus luftiger Höhe hat er den Flusslauf von ihrer Quelle bei Spindlermühle in Tschechien bis zur Mündung in die Nordsee verfolgt. Aus der Vogelperspektive entdeckte er immer neue, faszinierende Motive an dem Fluss. Anhand seiner Bilder, wird eine Reise entlang der Elbe möglich. Peter Schubert hat mit seiner Kamera die Reize eines faszinierenden Flusses festgehalten, ein Fluss, der seinesgleichen in Europa sucht. Die fotografische Reise folgt dem Fluss von seiner Quelle bis zur Mündung durch neun ausgewählte Landschaftsräume, die zu den schönsten und hinsichtlich der Naturraumausstattung wertvollsten Gebieten entlang der Elbe gehören. Sie stehen repräsentativ für das Elbe-Ökosystem und für die Einmaligkeit der Elblandschaft im europäischen Raum.

# Nationalpark Riesengebirge

**Am Elbbrunnen**

Sei freundlich mir gegrüßt, du stille Quelle,
Aus tiefer Felsenkluft so klar entsprungen!
Der Liebe süßes Lied sei dir gesungen;
Begeistert tön' es an der heil'gen Stelle!

Du bist so kühlend, bist so rein, so helle;
Noch ist dir nicht dein kühnster Sturz gelungen;
Doch hast du bald der Felsen Macht bezwungen;
Dann rauscht in breiten Strömen deine Welle.

Jetzt fülle hell mir die kristallne Schale!
In Träumen kommt die Knabenwelt gezogen;
Ihr bring' ich froh den ersten Labetrunk.

Denn ach! schon früh saß ich in deinem Tale
Und lauschte oft dem Murmeln deiner Wogen,
Und still ergreift mich jetzt Erinnerung.

*Karl Theodor Körner*

Wo Rübezahl die Bergschätze seiner Heimat hütet, steht die Wiege der Elbe – im Riesengebirge. Gemessen an seiner Höhe rangiert es in Mitteleuropa nach den Alpen und den Karpaten an dritter Stelle. Seine höchste Erhebung ist die Schneekoppe mit 1.603 Metern.

Von oben betrachtet zeigt sich ein einmaliges Mosaik aus Ökosystemen: schroffe Felsformationen, klare Gebirgsseen, weite Nadelwälder, tosende Wasserfälle, die vom Berg stürzen. Die Natur ist als Überbleibsel der letzten Eiszeit entstanden. Sie zählt damit zu den wertvollsten Landschaften Mitteleuropas. Sowohl Tschechien als auch Deutschland würdigen den Gebirgszug mit dem Nationalpark-Status.
Große Teile des Riesengebirges stehen zusätzlich als Biosphärenreservat unter dem Schutz der UNESCO.

Und hier, in Mitten atemberaubender Natur, hat die Elbe ihren Ursprung. In den latschenkieferbestandenen Hochmooren nahe dem Kamm des Riesengebirges tritt in 1.384 Metern Höhe Wasser an die Oberfläche.
Die Elbe – oder Labe, wie sie im Tschechischen heißt – entstammt mehreren Quellbächen. Diese entspringen auf von Knieholz und Gras bedeckten Wiesen. Seltene Pflanzen wachsen hier. Weiße Wiese heißt die unter Naturschutz stehende Fläche. Ihr Name erinnert an eine der Hauptquellen der Elbe, das Weißwasser. Im Winter ist die Weiße Wiese monatelang mit Schnee bedeckt, was einen Besuch der Landschaft schwer macht. Zu allen Jahreszeiten ist dafür die symbolische Elbquelle unweit des Luftkurortes und Wintersportzentrums Spindlermühle erreichbar. Zahlreiche Touristen gelangen jedes Jahr auf mehreren Wegen, jedoch fast ausschließlich zu Fuß, zum Ursprung der Elbe.

Von hier aus, zunächst noch recht langsam als Bächlein, rinnt die Elbe – zum Teil auch unterirdisch – dahin. Doch schon bald stürzt sie recht gewaltig über ihren ersten, fast 35 Meter hohen Wasserfall – den Elbfall – ins Gletscherkar der Elbeschlucht. Allein ist sie damit nicht. Viel Wasser sucht sich im Riesengebirge den Weg nach unten. So bietet nicht weit entfernt vom Elbfall der höchste tschechische Wasserfall – der Pancavsky Wasserfall – ein weiteres imposantes Naturschauspiel. Die Pancava, der erste nennenswerte Elbezufluss, stürzt dort von einer Felswand zu Tal. Am Fuße verliert sich das Wasser im Felsgeröll, um sich später mit der Elbe zu vereinen. Der bernsteingelb schimmernde Fluss bildet hier zwischen mächtigen Sandbänken beträchtliche Mäander. Nach einigen Kilometern vereint sich die Elbe mit dem Weißwasser.

Weiter geht es in noch immer scharfem Tempo über Schnellen, Kaskaden und einen weiteren Wasserfall durch das erhabene, in der Eiszeit von einem Gletscher modellierte Elbtal. Bald schon passiert die Elbe das „Tor zum Riesengebirge".
Hohenelbe (tsch. Vrchlabí) ist nach Spindlermühle die zweite Stadt am Oberlauf der Elbe. Oberhalb von Vrchlabí schlägt sich die Elbe durch die Elbklamm, ein schmales Erosionstal. Nach nur 20 Kilometern, auf denen der Gebirgsfluss in stürmischem Lauf ein Gefälle von 920 Metern passiert, verlässt das nun schon erstarkte Flüsschen das Hochgebirgsmassiv, strebt dem Mittelböhmischen Elbegebiet zu und wird ab da – nun schon etwas ruhiger – seinen Weg zum Meer fortsetzen.

*Spindlermühle (tsch. Špindlerův Mlýn)*

*Hohenelbe (tsch. Vrchlabí)*

*symbolische Quelle der Elbe (tsch. Pramen Labe)*

# Spindlermühle Touristenmagnet im Riesengebirge

Das einst bescheidene Berg- und Holzfällerdorf Spindlermühle (tsch. Špindlerův Mlýn) bekam seinen Namen im 18. Jahrhundert, als eine Familie Spindler am Flussufer eine Mühle baute. Heute ist von Mühlen und Holzfällerbauden am Zusammenfluss von Elbe und Dolský potok nicht mehr viel zu sehen. Die Bewohner des 710 Meter über dem Meeresspiegel gelegenen Ortes leben hauptsächlich vom Tourismus.

Spindlermühle ist eines der beliebtesten und meistbesuchten Ausflugs- und Urlaubsziele in Tschechien. Im Sommer zieht es Wanderer und Radler auf den Weg zur Elbquelle. Wagemutige kommen für Paragliding- und Klettertouren. Und im Winter tummeln sich Tausende Skiläufer auf den vielen Pisten in der Gebirgslandschaft. Die günstigen Klimabedingungen bringen Spindlermühle fünf Monate im Jahr die idealen Voraussetzungen für Schneevergnügungen aller Art.

Die atemberaubende Naturkulisse von Spindlermühle bietet über 1.500 Meter hohe Gipfel, lang gezogene Kämme, Hochmoore, Bergseen und Felslabyrinthe. Der Ort selbst liegt in einem Tal, durch das die noch junge Elbe und der Dolský potok fließen. Bis hierhin schoss die Elbe als Wildbach mit einem Gefälle von fast 60 Prozent zu Tal. Umgeben von den Bergen des Riesengebirges ist der enge Gebirgspass, durch den sich die Elbe ihr Bett bereitet, die einzige Verbindung zu dem Luftkurort.

Aus aller Welt kommen Touristen, um zu einem wahren Wallfahrtsort des Riesengebirges und zur Quelle der Elbe zu pilgern.

Der Fluss wird nach wenigen Kilometern durch das Riesengebirge im Ortsteil Labská bei Spindlermühle zum ersten Mal zu einem See gestaut. Zwischen 1910 und 1914 gebaut, ist die zur Rückhaltung von Hochwasserfluten an der oberen Elbe errichtete Talsperre 40 Hektar groß und etwa einen Kilometer lang.

Hohes Rad

Elbquelle (Pramen Labe)

Schüsselberg

Ober Schüsselbauden

Unter Schüsselbauden

Urlaubsregion Spindlermühle
Nationalpark Riesengebirge

Elbestausee

**Elbquelle**

*Anziehungspunkt für jährlich Tausende Touristen: die Quelle der Elbe (tsch. Pramen Labe). Über Sessellift und Wanderwege gelangen Besucher etwas abseits der tatsächlichen zur symbolischen Quelle des Flusses. Dort sickert aus einem recht unscheinbaren Betonring in kleinen Blasen Wasser auf eine steinerne Mauer. Gleich daneben ist die Reise der Elbe von der Quelle bis zur Nordsee schematisch dargestellt. An die 26 großen Städte an ihrem Lauf, wie Dresden und Hamburg, erinnern deren Wappen.*

**Elbfallbaude**

*Direkt am Elbfall nahe dem Elbgrund (tsch. Labský důl) befand sich die alte Elbfallbaude aus dem 19. Jahrhundert. Die abgebrannte Hütte wurde 1975 durch die neue „Labská bouda" ersetzt. Der markante Bau ist ein beliebter Halt für Touristen auf dem Weg zur Quelle. Die Elbfallbaude liegt 1.340 Meter über dem Meeresspiegel an der Elbwiese in der Nähe von Spindlermühle.*

*In Spindlermühle, dem größten Ferienort des Riesengebirges, prägen Hotels und Pensionen das Bild. Aufzüge und Seilbahnen erleichtern den Touristen sommers wie winters die Aufstiege auf angrenzende Höhenrücken und Pisten.*

**Hohenelbe**

*Anders als Spindlermühle lebt Hohenelbe (tsch. Vrchlabí) nicht nur von den Einkünften aus dem Tourismus. Weitere Arbeitgeber in der Stadt, die als Tor zum Riesengebirge gilt, sind Skoda oder AEG. Dennoch blieb der malerische Charakter des Elbstädtchen erhalten. Dort hat die Verwaltung des grenzüberschreitenden Nationalparks Riesengebirge ihren Hauptsitz. Neben einem historischen Stadtkern laden zahlreiche Cafés und Restaurants zum Besuch ein.*

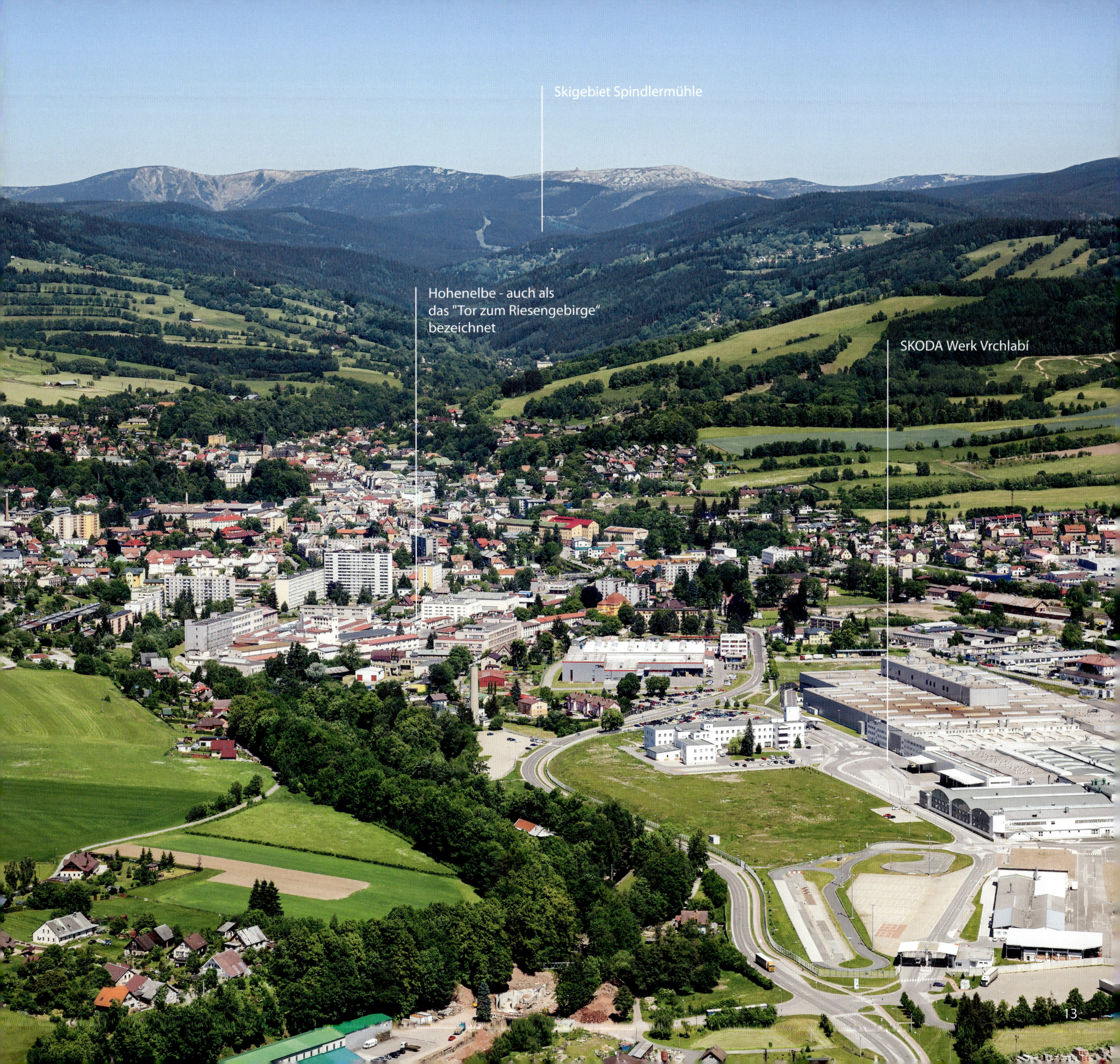

Skigebiet Spindlermühle

Hohenelbe - auch als
das "Tor zum Riesengebirge"
bezeichnet

SKODA Werk Vrchlabí

*Hohenelbe liegt im südlichen Teil des Riesengebirges und ist nach Spindlermühle die zweite Stadt am Oberlauf der Elbe. Das Wahrzeichen der Stadt ist das im Renaissancestil erbaute Schloss mit vier achteckigen Türmen. Über den Schlosspark und dem angrenzenden Klostergarten gelangt man zum einstigen Augustinerkloster.*

# Mittelböhmisches Elbegebiet

Bisher nur südwärts und damit entgegengesetzt zu ihrer späteren Mündung geflossen, zieht die Elbe im Böhmischen Becken einen großen Bogen, an dessen Ende sie schließlich ihre wirkliche Fließrichtung einschlägt.

Bei Jermer (tsch. Jaroměř) enden die Ausläufer des Riesengebirges. Die Stadt der drei Flüsse, in der sich Aupa und Mettau mit der Elbe verbinden, wurde vermutlich nach dem Prager Erzbischof Jaromir benannt. Die Elbe hat in dieser Region ihren östlichsten Punkt erreicht und begibt sich weiter südwärts durch das Böhmische Becken, das von Böhmerwald und Erzgebirge umrahmt wird. Die Tschechen nennen diesen Elbabschnitt „Mittelelbe". Diese verhältnismäßig ebene Gegend war immer schon überwiegend von Tschechen bevölkert. An den Elbfurten und ihren Zuflüssen entstanden wichtige, auch königliche Städte mit beeindruckenden architektonischen Bauwerken, die für die Tschechische Nation eine große Bedeutung haben. So passiert die Elbe im Vorland des Riesengebirges das geschichtsträchtige Städtchen Königinhof (tsch. Dvůr Králové nad Labem). An der Stelle eines vermutlich im 12. Jahrhundert gegründeten königlichen Hofes wurde die Königsstadt in einem malerischen Tal der Elbe gegründet.

Die Elbe, die hier noch Labe heißt, fließt in diesem Abschnitt durch das wärmste Gebiet Böhmens. Seit alters her haben die Bauern hier gut von den fruchtbaren Böden gelebt. Die Erde brachte den Bergleuten viele Bodenschätze und der Fluss den Fischern reichlich Fang. Die Menschen lebten gut von und mit der Elbe. Vor Jahrhunderten schon brachte das Wasser hier Mühlen zum Drehen und wurden Teiche zur Fischaufzucht gefüllt. Die ertragreiche Agrarwirtschaft wurde zur Basis einer entstehenden Industrie, zunächst zur Lebensmittelproduktion, später auch für andere Branchen wie den Maschinenbau.

Die Elbe streift in ihrem weiteren, hufeisenförmigen Lauf durch das Böhmische Kreidebecken, die Städte Jaroměř, Hradec Králové und Pardubice. Dort schwenkt sie in scharfem Knick westwärts über Přelouč, Kolín, Poděbrady und Nymburk bis nach Mělník.

Großflächige Naturschutzgebiete gibt es an diesem Elbabschnitt nicht, dafür aber eine Vielzahl kleinerer, in denen es ebenfalls erhaltenswerte Artenvielfalt gibt. In einigen Naturreservaten lassen Tümpel, Altarme und urwaldartige Wälder noch erahnen, wie das Elbtal einst ausgesehen haben muss. Denn der heutige Charakter der Elbe in diesem mittleren Teil auf tschechischem Gebiet ist hauptsächlich durch die Regulierung des Flusses mit Staustufen und Schleusenanlagen geprägt. Damit der Fluss auch bei Niedrigwasser durchgängig befahrbar ist, wurde die Elbe hier zum langsam fließenden oder beinahe gänzlich stehenden Gewässer gemacht. Doch obwohl die Schifffahrt die Vegetation beträchtlich schädigte, überrascht die kanalisierte Elbe an dieser Stelle Botaniker als artenreichstes Biotop für Gefäßpflanzen im gesamten tschechischen Elbegebiet. Zoologen finden zudem eine interessante Insektenfauna mit 70 Großschmetterlingsarten, eine vielfältige Vogelwelt, jedoch nur kleinwüchsige Säugetiere vor.

Bei Melnik (tsch. Mělník) nimmt die Elbe dann ihren wichtigsten Nebenfluss auf – die Moldau. Diese mündet nach einem 425 Kilometer langen Lauf in die hier noch kleinere Elbe. Wegen der nun stark gestiegenen Wassermenge verbreitert sich der Fluss deutlich.

So angeschwollen, verlässt der Strom nach einem Abschnitt mit flachen Randlandschaften und ruhigem Lauf das Mittelböhmische Elbegebiet und stößt erneut ins Gebirge – in das Landschaftsschutzgebiet Böhmisches Mittelgebirge.

*Königinhof an der Elbe (tsch. Dvůr Králové nad Labem)*

**Talsperre Königreichwald**

*Die Talsperre Königreichwald am Oberlauf der Elbe liegt vier Kilometer flussaufwärts hinter der Stadt Königinhof an der Elbe. Die Anlage wurde Anfang des 20. Jahrhunderts im neogotischen Stil errichtet und besteht aus der Staumauer und zwei Torbauten, die sich über den Wassereinläufen befinden. Das Talsperrenwärterhaus mit einem als Bergfried gestalteten Turm befindet sich am rechten Elbufer. Ein weiterer, kleinerer Turm steht am linken Elbufer. Das Generatorenhaus wurde am Fuß der Staumauer gebaut. Seit 1964 ist die Talsperre – die zu den schönsten in Böhmen zählt – als technisches Denkmal geschützt. Seit 2010 steht der Bau auf der Liste der tschechischen nationalen Kulturdenkmäler.*

**Kukus**

*Durch das Auffinden von Mineralquellen entwickelte sich am Oberlauf der Elbe zwischen Dvůr Králové und Jaroměř ab dem Ende des 17. Jahrhunderts ein mondäner Badeort – Kukus (tsch. Kuks). Durch ein verheerendes Hochwasser wurde 1740 ein Großteil der Bauten überschwemmt und danach der Kurbetrieb nie wieder aufgenommen. Geblieben ist das barocke Meisterwerk Hospital Kuks, eine einstige Armenversorgungsanstalt für Kriegsveteranen.*

**Jermer**

*Am linken Ufer der Mettau, unmittelbar vor der Einmündung des Flusses in die Elbe, liegt die seit 1948 zu Jaroměř gehörende Josefstadt (tsch. Josefov). Das 1780 von Kaiser Joseph II. als Festung erbaute Zentrum steht unter Denkmalschutz. Die klassizistische Anlage ist umgeben von aufgeschütteten Erdwällen, die durch Ziegelmauerwerk befestigt und mit einem 45 Kilometer langen, unterirdischen Labyrinth verbunden wurden.*

**Königgrätz**

*Ebenfalls eine Königsstadt ist Hradec Králové – auch Salon der Republik genannt. Der deutsche Name Königgrätz lässt daran keinen Zweifel. Heute ist der Ort ein wichtiges Verwaltungszentrum, Bischofsitz und Universitätsstadt, in der sich Alt und Neu harmonisch miteinander verbinden.*

*Die Altstadt mit einem hübschen mittelalterlichen Stadtkern glänzt mit zahlreichen Gotik-, Renaissance- und Barock-Bauwerken wie die Jesuitenkirche Mariä Himmelfahrt oder die Domherren-Residenz – eines der besterhaltenen Gebäude der Stadt. Auf dem Marktplatz beeindruckt die Heilige-Geist-Kathedrale, die in einer für Tschechien ungewöhnlichen Ziegelstruktur erbaut wurde. Direkt daneben kann der Weiße Turm bestiegen werden, der eine fantastische Aussicht auf die ganze Stadt mit ihren vielen Grünflächen und Grünanlagen sowie das Umland ermöglicht.*

*Westlich und südlich wird die Altstadt von Elbe und Adler eingefasst, die bald darauf zusammenfließen. Zwar ist von der einstigen Auenlandschaft beider Flüsse nur noch wenig geblieben, da die Flussufer im Innenstadtbereich kanalartig befestigt wurden. Dennoch laden Promenaden zu einem Bummel beidseits der Elbe ein. Es gibt eine Freizeitwiese, Schiffsanleger, moderne Brücken und ein interessantes Wehr.*

## Pardubitz

*Ein schönes Renaissanceschloss, berühmte Pferderennen beim Großen Steeplechase, interessante Orte in der Umgebung und die Einmündung der Chrudimka in die Elbe – das ist Pardubitz (tsch. Pardubice). Eine Stadt, in der es nach Pfefferkuchen riecht. Sie liegt in der Elbniederung, in einer Landschaft aus Wiesen, Laubwäldern und historischen Wasserkanälen, die an einen großen Schlosspark erinnert. Pardubice gilt als die schönste Stadt Böhmens, der gesamte Innenstadtkern mit zahlreichen Renaissancehäusern steht unter Denkmalschutz.*

*Beeindruckend ist vor allem das Schloss, welches im Stil der späten Gotik und der Frührenaissance erbaut wurde. Schon aus der Ferne sind die weißen Türme der einstigen Residenz der einflussreichen Adelsfamilie Pernstein zu erkennen. Um das Schloss herum führt ein Befestigungswall, auf dem früher die Kanonen aufgefahren wurden. Heute beherbergt das Schloss ein Museum.*

*In Pardubice befindet sich die erste der typischen größeren Stauanlagen mit Schleuse an der Elbe, die bis Aussig (tsch. Ústí nad Labem) den freien Lauf des Flusses unterbrechen. Auf einem 170 Kilometer langen Abschnitt, an dem zwischen 1904 und 1976 immerhin 24 Staustufen entstanden sind, ist der Fluss kanalisiert. Ab Pardubice ist die Elbe praktisch schiffbar, doch der meiste Frachtverkehr findet erst ab Mělník statt, wo die Moldau in die Elbe mündet.*

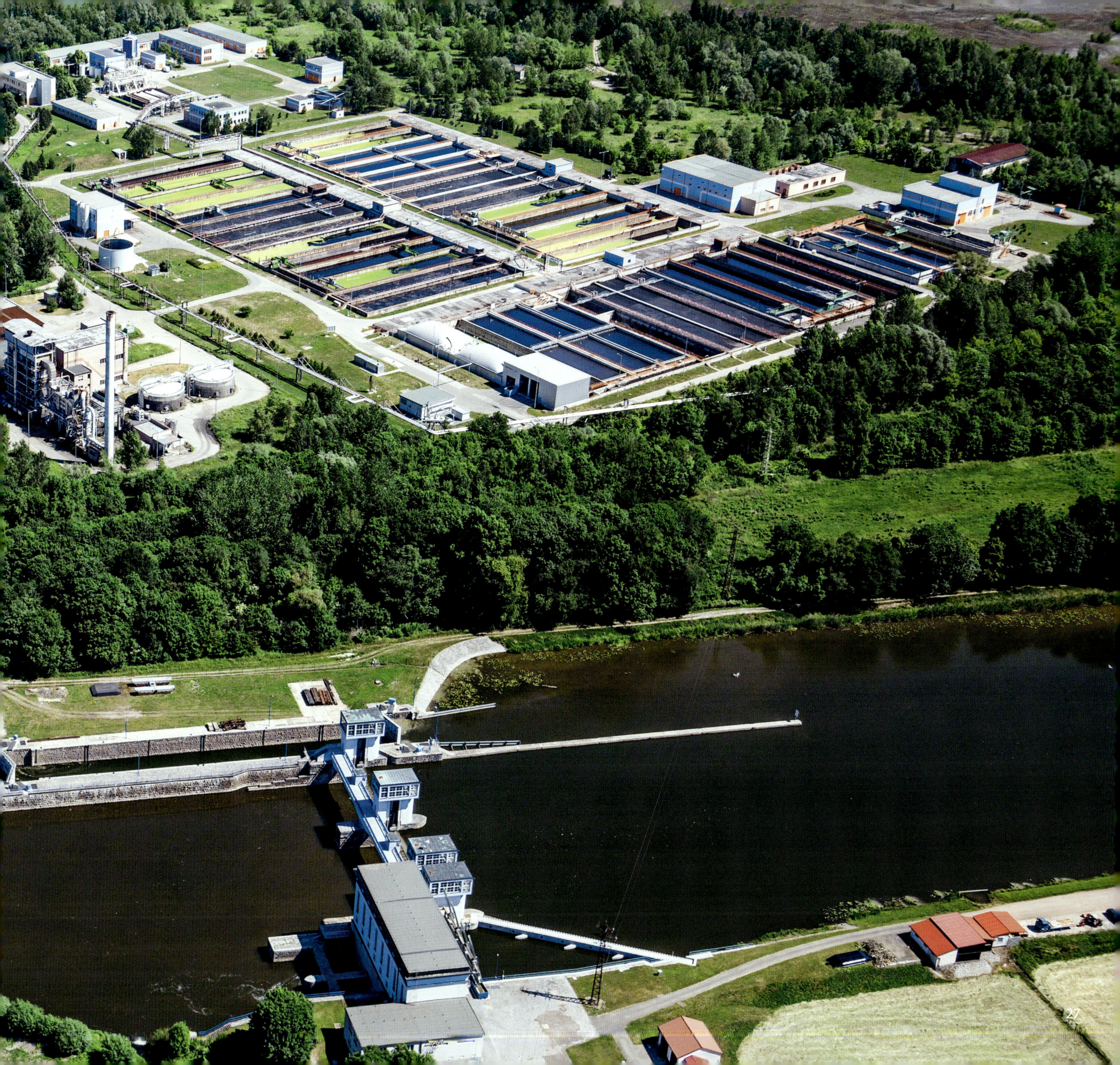

*Bei Prelauc (tsch. Přelouč) hat die Elbe bereits eine bei Pardubice begonnene scharfe 90-Grad-Wende hinter sich, um fortan gen Westen durch das Böhmische Becken zu fließen.*

*Wasserkraftwerk zwischen Přelouč und Břehy*

*In Chwaletitz (tsch. Chvaletice) – zwischen Pardubice und Kolín gelegen – werden auf einer Werft am Elbufer Schiffskörper gebaut.*

**Kolin**

*Kolin (tsch. Kolín) – älter auch Köln an der Elbe – an beiden Ufern der Elbe gelegen, hat ebenfalls königlichen Ursprung. Prägnantes Bauwerk der Altstadt ist die Kirche St. Bartholomäus mit ihren zwei spitzbehelmten Türmen über der Westfassade und einem freistehenden Glockenturm. Hinter Kolín biegt die Elbe nach Nordwesten ab und wird diese Richtung fortan im Wesentlichen beibehalten.*

**Podiebrad**

*Das heutige Kurbad Podiebrad (tsch. Poděbrady) entstand an einer Furt an der Elbe, durch das in alten Zeiten der Handelsweg von Prag nach Schlesien führte. König Ottokar II. sicherte im 13. Jahrhundert an dieser Stelle den Elbübergang und baute eine hölzerne Veste zur steinernen Wasserburg aus, von der heute jedoch nur ein geringer Teil noch aus Ottokars Zeit stammt.*

**Nimburg**

*Die einst auch Neuenburg an der Elbe (tsch. Nymburk) genannte Stadt liegt an der Einmündung der Mrlina in die Elbe. In der vom böhmischen König Ottokar II. im 13. Jahrhundert gegründeten Königsstadt führt eine recht imposante Brücke über die ruhig durch Nimburg fließende Elbe.*

**Lissa**

*Weiter schlängelt sich der Strom durch die fruchtbare, ausgedehnte Elbniederung im Böhmischen Becken, vorbei an Lissa an der Elbe (tsch. Lysá nad Labem) und Čelákovice bis nach Brandýs nad Labem/Stará Boreslav. Die beiden einst unabhängigen Städte waren stets getrennt von der Elbe. 1960 schlossen sie sich zusammen.*

*Bekannt ist vor allem das Renaissanceschloss der Herrscherdynastie Habsburg-Lothringen. Bis zum Zerfall der kaiserlich-königlichen Monarchie war der letzte Habsburger Kaiser und böhmische König, Karl I. von Österreich, Besitzer des Schlosses unweit von Prag.*

*Bei Neratowitz (tsch. Neratovice) und Elbekosteletz (tsch. Kostelec nad Labem) befinden sich weitere Staustufen der Elbe  in der mittelböhmischen Elbniederung nördlich von Prag.*

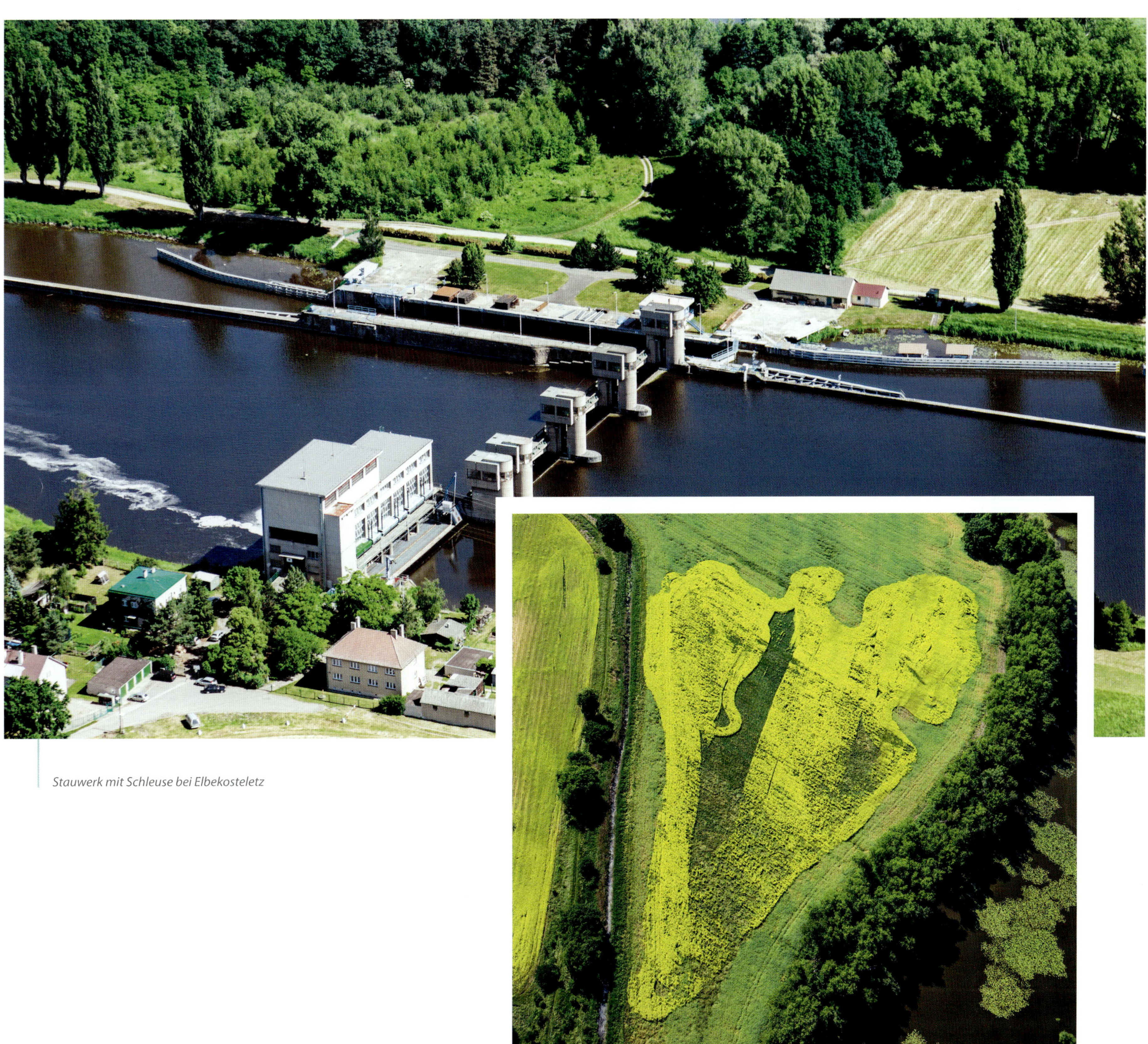

Stauwerk mit Schleuse bei Elbekosteletz

**Melnik**

*Bei Melnik (tsch. Mělník) fließen Elbe und Moldau zusammen. Rund um die Stadt auf der rechtselbischen Seite gegenüber der Einmündung der Moldau (tsch. Vltava) wird Wein angebaut. Der bekannte Melniker Wein stammt jedoch nicht von hier, sondern aus dem bulgarischen Melnik.*

*Das gleichnamige Städtchen unweit von Prag ist hübsch eingebettet in rebenbehangene Berge und gilt als einer der romantischsten Plätze an der böhmischen Elbe. Wirtschaftliche Bedeutung haben in Melnik heute neben dem Weinbau der Maschinenbau sowie die Nahrungs- und Genussmittelindustrie.*

Moldau-Schiffahrtskanal
Vraňany – Hořín
Schloss Mělník

Naturschutzgebiet
Úpor
Schloss Mělník
mit Weinberg
Moldau-Schiffahrtskanal
Vraňany – Hořín
Elbe und Moldau
fließen vereint
Richtung Nordsee

*Das Schloss in Melnik entstand im 16. Jahrhundert aus einer mittelalterlichen Burg. Von der heutigen Anlage im Stil des Barocks bietet sich ein herrlicher Blick auf die umliegende Landschaft, die durch auffallend viele Schlösser und Burgen geprägt ist.*

# Das Elbtal im Böhmischen Mittelgebirge

Die Elbe durchquert das Böhmische Mittelgebirgsmassiv auf einer Länge von 46 Kilometern. Hier fließt der Fluss zunächst noch durch von Wäldern gesäumte, romantische Täler sowie tiefe Schluchten. Diese Region vulkanischen Ursprungs gehört naturschützerisch zu den wertvollsten Gebieten Böhmens und steht seit 1976 als Böhmisches Mittelgebirge (tsch. České středohoří) unter Landschaftsschutz.

Romantisch, ein wenig düster und landschaftlich immer wieder überraschend wird diese Region durch die Elbe in zwei fast gleich große Bereiche geteilt. Mit seinen zahlreichen Kegelbergen zählt das Gebirge zu den markanten Berglandschaften in Mitteleuropa. Die landschaftlichen Reize der Bergwelt und der durchschneidende Strom inspirierten in vergangenen Jahrhunderten vielfach Künstler und Geistesschaffende.
Caspar David Friedrich malte seine „Böhmische Landschaft mit dem Milleschauer“ (1824), Johann Wolfgang von Goethe hielt den „Borschen bei Billin“ (1810) durch eine Tuschezeichnung fest und Ludwig Richter hinterließ mit seiner „Überfahrt am Schreckenstein“ (1837) ein anschauliches Zeugnis von der einstigen Landschaft.

Doch auch diese beinahe märchenhafte Region musste Eingriffe des Menschen zur Regulierung des Flusses verkraften. Die Elbe ist im Böhmischen Mittelgebirge durch Staustufen und Uferbefestigungen für den Schiffsverkehr erschlossen worden. Dennoch zeigt sich die Landschaft vielgestaltig und von schnell wechselndem Charakter. Die landwirtschaftlich intensiv genutzten Flächen von Melnik bis Leitmeritz (tsch. Litoměřice) grenzen unmittelbar an die Böhmische Pforte, die Porta Bohemica, wo der Elbdurchbruch beginnt. Der Talkessel von Libochowan (tsch. Libochovany) ist wieder von mehr Weite geprägt, bevor der Fluss unterhalb von Deblik zwischen den Steilhängen bei Aussig (tsch. Ústí nad Labem) mäandert. Dort, unterhalb eines schroffen Felsens, auf dem majestätisch die Burg Schreckenstein thront, stellt sich seit 1930 die heute größte Staustufe dem natürlichen Lauf der Elbe entgegen. Es ist genau jene Stelle, die Ludwig Richter als romantische „Überfahrt am Schreckenstein“ malte.

Bald nach Aussig verlässt die Elbe das Schutzgebiet „Böhmisches Mittelgebirge“ und wird schon bald das Landschaftsschutzgebiet „Elbsandsteingebirge“ mit der Böhmischen Schweiz auf der einen und der Sächsischen Schweiz auf der anderen Seite erreichen. Damit durchfließt die Elbe auf beinahe 90 Kilometern ausschließlich unter staatlichem Schutz stehende Landschaften.

**Raudnitz**

*Zwischen zwei Flussschleifen der Elbe liegt Raudnitz (tsch. Roudnice nad Labem). Eine Legende berichtet, dass hier die Geschichte Böhmens begann, als Čech, der Urvater aller Tschechen, auf dem Berg Rip ausrief: „Sehet, ein Land nach unserem Wunsche“. Wahrzeichen von Roudnice ist das im 17. Jahrhundert erbaute Schloss auf den Fundamenten einer ehemaligen bischöflichen Burg, unter der später eine Staustufe angelegt wurde.*

*Zwischen Wegstädtl (tsch. Štětí) und Ratschnitz (tsch. Račice) wurde eine hier beginnende Elbschleife vor allem durch einen Ruderkanal international bekannt. Auf dem Gelände einer ehemaligen Sandgrube finden im Sportzentrum Račice oft internationale Großereignisse auf dem Wasser statt, darunter Meisterschaften der Ruderer und Kanuten oder auch Drachenbootrennen.*

*Naturbad und Campingplatz am Ruderkanal Račice*

**Staustufe Böhmisch-Kopist**

*Wenige Kilometer vor Mündung der Eger (tsch. Ohře) in die Elbe, befindet sich die "Schleusenstadt" Böhmisch-Kopist (tsch. České-Kopisty) als ein heutiger Stadtteil von Theresienstadt (tsch. Terezín). Hier wird die Elbe ebenfalls über ein Wehr mit Doppelschleuse angestaut.*

*Die Königsstadt Leitmeritz (tsch. Litoměřice) liegt im malerischen Gebiet des Böhmischen Mittelgebirges.*

**Leitmeritz**

*Hier in Leitmeritz mündet die im Fichtelgebirge entsprungene Eger in die Elbe.*

*Die Stadt zählt zu einer der schönsten Städte Nordböhmens und steht mit ihren bedeutenden Baudenkmälern unter Denkmalschutz.*

**Lobositz**

*Noch schlängelt sich die Elbe durch recht flache Täler im Süden des Böhmischen Mittelgebirges, ehe bei Lobositz (tsch. Lovosice) der Berg Lobosch (tsch. Lovoš) ins Blickfeld rückt. Hier bildet die Elbe ein Knie: Von Osten kommend wendet sie sich in einem 90-Grad-Bogen nach Norden.*

*Im Mündungsgebiet der Model (tsch. Modla) hat das Gebiet um Lovosice ein äußerst mildes Klima und wird auch der Garten Böhmens genannt.*

*Lobositz befindet sich am Fuße des Lobosch und ist nicht nur Industriestadt, sondern bietet auch viele interessante Sehenswürdigkeiten wie das Jugendstilrathaus, das Renaissanceschloss, die barocke Kirche des Hl. Wenzel oder ein modernes Sportareal.*

*Autobahn D8 (tsch. Dálnice D8) Richtung Prag*

*Blick über das Durchbruchstal der Elbe durch das Böhmische Mittelgebirge, linkselbig erstreckt sich die Gemeinde Salesel (tsch. Dolní Zálezly) südlich von Aussig*

Lobosch
Steinbruch

**Aussig**

*In Aussig (tsch. Ústí nad Labem) verlässt die Elbe das Böhmische Mittelgebirge. Schon 993 wurde hier eine Ansiedlung als Handelsplatz an der Elbe erwähnt. Im 13. Jahrhundert zur Königsstadt erhoben, erlebte die Stadt in den folgenden Jahrhunderten viele Schicksalsschläge. Dank Kohlevorkommen im Umland und der 1851 eröffneten Eisenbahnlinie Dresden – Prag wurde Aussig ab dem 19. Jahrhundert zur Industriestadt und auch zu einem wichtigen Umladeplatz für Transporte zwischen dem Schiff- und Landweg. Um 1910 hatte der Aussiger Elbehafen mit jährlich 1,5 Millionen Tonnen nach dem Adriahafen in Triest die zweithöchste Umschlagsleistung in der kaiserlich-königlichen Monarchie.*

*1872 entstand die erste Brücke über die Elbe. Im unmittelbaren Stadtgebiet von Aussig existieren heute vier Brücken, drei davon über die Elbe, eine über die Bilina. 1998 wurde die neueste – die Marienbrücke – erbaut. Sie wird von Seilen getragen, die an den Pfeilern des rechten Elbufers angebracht sind.*

**Buchberg**

*Von weitem sichtbar – der Fernsehturm Buková hora auf dem Buchberg (tsch. Buková hora), auch Zinkenstein, etwa 12 km südlich von Tetschen-Bodenbach und 15 km östlich von Aussig. Er ist die höchste Erhebung des Vierzehnbergrückens.*
*Direkt am Fuß des Berges befinden sich die Gemeinden Tichlowitz (tsch. Těchlovice) und Kleinpriesen (tsch. Malé Březno nad Labem).*

*Die Burg Schreckenstein (tsch. Střekov) auf einem steil aufragenden Felsen über der Elbe nahe der Stadt Aussig, unterhalb der Burg ein Stauwehr mit Schiffsschleuse.*

**Tetschen-Bodenbach**

*Die Stadt Tetschen-Bodenbach (tsch. Děčín) liegt im Übergang zwischen dem Böhmischen Mittelgebirge und der Böhmischen Schweiz in einem Talkessel. Hier münden von Osten die Polzen (tsch. Pluočnice) und von Westen der Eulaubach bzw. Eulauer Bach (tsch. Jílovský potok) in die Elbe.*

*Die geografisch am tiefsten gelegene Stadt Tschechiens hat durch ihre exponierte Lage an der schiffbaren Elbe und an einem der wichtigsten Eisenbahngrenzübergänge der Republik eine wichtige Bedeutung für den nationalen und internationalen Verkehr. Děčín verfügt über zwei Straßen- und zwei Eisenbahnbrücken über die Elbe.*

*Das Prebischtor – Wahrzeichen für den Nationalpark Böhmische Schweiz und größte natürliche Sandsteinfelsbrücke in Europa.*

# Das Elbsandsteingebirge

## Böhmische und Sächsische Schweiz

Jetzt durchfließt die Elbe eine romantische Bergwelt. Den Namen Elbsandsteingebirge bekam die Region von dem hier vorherrschenden Stein und dem durchfließenden Fluss. Als eine der faszinierendsten Naturlandschaften Europas erstreckt sich das Elbsandsteingebirge am Oberlauf der Elbe zwischen der tschechischen Stadt Děčín und dem sächsischen Pirna. Wo heute Tausende Besucher über ein stark zerklüftetes Felsengebirge staunen, war vor Jahrmillionen noch Meeresboden. Darauf sanken und verfestigten sich im Laufe der Zeit großräumige Ablagerungen. Das einstige Kreidezeitmeer wurde so zu einer kompakten Sandsteinplatte, etwa 20 mal 30 Kilometer groß und bis zu 600 Meter mächtig. Diese einmalige Erosionslandschaft aus der Kreidezeit bietet außerordentlichen Formenreichtum auf engstem Raum und einen unter den europäischen Mittelgebirgen einmaligen Wechsel von Ebenen, Schluchten, Tafelbergen und Felsrevieren.

Nur ein Viertel des Elbsandsteingebirges liegt in Tschechien. Dort wird die einzigartige Gesteinswelt Böhmische Schweiz genannt. In Deutschland mit dem größten Anteil am Elbsandsteingebirge spricht man von der Sächsischen Schweiz.

Diese Namensgebung verdanken beide Teile Schweizer Malern, die sich vor 200 Jahren hier an ihre Heimat erinnert fühlten. Adrian Zingg und Anton Graff – beide Kunstmaler und Dozenten an der Dresdener Kunstakademie – waren damals fasziniert vom Formenreichtum des Mittelgebirges. Mit und nach den beiden Schweizer Malern streiften andere Romantiker durch die Region, um sich von ihrer Schönheit inspirieren zu lassen. Aquarelle, Radierungen und Gemälde wandernder Maler wie Ludwig Richter oder Caspar David Friedrich, aber auch literarische Zeugnisse zeugen davon. So lockt die Oper "Der Freischütz", deren Geschichte Carl Maria von Weber in der Nähe von Rathen ansiedelte, noch heute viele Besucher in das Elbsandsteingebirge. Im 19. Jahrhundert begann zunehmend die touristische Erschließung dieser bizarren Landschaft im Durchbruchstal der Elbe.

Heutzutage folgt der Malerweg den Spuren der touristischen Entdecker des Elbsandsteingebirges. Der Wanderer kommt auf mehr als hundert Kilometern durch schöne Schluchten, vorbei an eigenartig geformten Felssteinköpfen und imposanten Bergen und hat immer den Blick auf die Elbe. Der Strom schneidet sich bis zu 300 Meter tief in die Landschaft ein. Die steilen Sandsteinwände an den Ufern prägen das Landschaftsbild der Sächsischen Schweiz. Die fasziniert mit ihren über Tausend Felstürmen, wildromantischen Schluchten und steil aufragenden Tafelbergen. Die Elbe teilt das Gebirge in zwei Flügel. An- und Ausblicke von einmaliger Schönheit bietet besonders der Rathener Elbabschnitt mit der Felsenwelt der Bastei. Markante Felsbildungen sind auch die beiden Tafelberge Lilien- und Königstein.

*Historischer Personenaufzug in Bad Schandau zum höher gelegenen Stadtteil Ostrau (1905 von Rudolf Sendig erbaut); Foto oben: berühmte Basteibrücke – ein Wahrzeichen der Sächsischen Schweiz*

Die herausragende Bedeutung der bizarren Felsformationen der Böhmisch-Sächsischen Schweiz für Natur und Umwelt wurde schon früh erkannt. Bereits Anfang des 20. Jahrhunderts wurden entlang der Elbe Schutzgebiete ausgewiesen und Steinbrüche aufgekauft. Inzwischen ist die für Europa einmalige Eigenart des Elbsandsteingebirges durch einen länderübergreifenden Nationalpark geschützt. In ihm stellt das Elbtal einen naturnahen Lebensraum dar, der sich durch eine große Mannigfaltigkeit an Pflanzen und Tieren auszeichnet. Dank seiner im Winter nicht zufrierenden Bereiche mit natürlichen Ufern ist dieser Elbabschnitt ein wichtiger Rückzugsort für viele Vogelarten. Über Flora und Fauna und alle Besonderheiten der Nationalparkregion Sächsische Schweiz informiert ausführlich das Nationalparkzentrum Sächsische Schweiz in Bad Schandau.

Neuer Wildenstein
Grosser Zschand
Affensteine
Falkenstein
Schrammsteinkette
Kirnitzschtal
Ostrau

# Bad Schandau

Der älteste Kur- und Erholungsort der Sächsischen Schweiz wurde schon im 14. Jahrhundert vor einer malerischen Kulisse angelegt. Doch Glanzzeiten kamen erst mit der Entdeckung Bad Schandaus für den Tourismus.
Das Potenzial des sich steil an die aufragenden Sandsteinfelsen schmiegenden Ortes erkannte der Hotelier Rudolf Sendig, der Schandau in der zweiten Hälfte des 19. Jahrhunderts zum „Bad" machte. Diesen amtlichen Titel trägt der Kurort ganz offiziell seit 1920, 1936 wurde Bad Schandau zudem zum Kneippkurort ernannt. Die Stadtsilhouette wird durch die Hotels der Gründerzeit direkt an der Elbe, zwei Elbbrücken und die St. Johanniskirche geprägt. Vom Stadtzentrum fährt eine Straßenbahn, die so genannte Kirnitzschtalbahn, bis zum Lichtenhainer Wasserfall.

Das rechtselbisch residierende Bad Schandau hat sieben Ortsteile, von denen Krippen als einziger am linken Elbufer liegt. Schmilka ist der Grenzort nach Tschechien und Ausgangspunkt für Wanderungen zum Beispiel zu den Schrammsteinen oder dem Großen Winterberg. Attraktion des Ortsteils Ostrau und Wahrzeichen von ganz Bad Schandau ist ein historischer Personenaufzug, eine 50 Meter hohe, freistehende Eisenkonstruktion im Jugendstil.

# Königstein

Links der Elbe gab ein mächtiger Elbsandstein einer Stadt und einer Festung den Namen: der Königstein. Im 13. Jahrhundert entstand das Städtchen, das sich in einem sanften Elbtal ausbreitet. Dominiert wird der Ort aber von der 240 Meter über der Elbe thronenden Festung Königstein. Zu dieser gewaltigen Bergfestung gehören auf einem etwa 9,5 Hektar großen Felsplateau 30 Bauten und ein mehr als 150 Meter tiefer Brunnen. Die Festung Königstein war auch eines der Lustschlösser von August dem Starken, der im Kerker der Anlage den Porzellanerfinder Johann Friedrich Böttcher eine Zeit lang einsperren ließ.

# Kurort Rathen

Im Scheitel eines scharfen Bogens der Elbe durch die Sächsische Schweiz liegt Rathen am Fuße der weltberühmten Bastei. Der Fluss teilt den Kurort in das autofreie Niederrathen auf der Nationalparkseite und den linkselbischen Ortsteil Oberrathen. Wer von der einen auf die andere Seite möchte, muss die historische Gierseilfähre über die Elbe nehmen.

Dazu lockt Rathen im Sommer mit einer weiteren Attraktion. Die Felsenbühne Rathen ist ein eindrucksvolles Naturtheater vor imposanter Felskulisse. Hier haben bis zu 2000 Besucher Platz. Gezeigt werden vor allem Karl-May-Stücke sowie die Oper "Der Freischütz".

# Die Bastei

Zu den meistbesuchten Touristenattraktionen der Sächsischen Schweiz zählt die Bastei zwischen Rathen und Wehlen. Der markante Aussichtspunkt bietet einen weiten Blick ins Elbtal und über das bizarre Gebirge. Von der Bastei fällt ein Felsriff fast 200 Meter steil zur Elbe hinab.

# Felsenburg Neurathen und Basteibrücke

Majestätisch erhebt sich die Felsenburg Neurathen über dem Tal der Elbe. Reste der auf vielen einzelnen Felstürmen errichteten Anlage können auf einem eigenen Rundgang besichtigt werden. Immer wieder lockt und lohnt der Blick auf die umstehenden Felsformationen.

# Das Elbetal
## von Pirna bis Torgau

Nach den Schluchten und Tafelbergen des Elbsandsteingebirges verlässt die Elbe kurz vor Pirna ihr steinernes Korsett und schlängelt sich nun in großzügigen Bögen durch die offene Landschaft des Mittelgebirgsvorlandes. Das Sächsische Hügelland dehnt sich von Pirna bis Meißen aus, wo es fruchtbare Böden und mildes, trockenes Klima gibt.

Sachsens berühmter wie legendärer August der Starke nutzte den Fluss in dieser Region wie eine Magistrale. Er ließ in Großsedlitz ein einzigartiges Gartenkunstwerk des Spätbarock und bei Pillnitz ein Lust- und Wasserschloss für seine Mätresse Gräfin Cosel errichten. Von dort fließt die Elbe einem noch grandioseren Ort entgegen. Sie bietet der barocken Kulisse der Dresdner Altstadt eine Bühne. Die architektonischen Meisterwerke der sächsischen Residenzstadt sind erst durch die sanft fließenden Fluten der Elbe eindrucksvoll in Szene gesetzt. Der Kurfürst schuf hier einen glanzvollen Hof und versetzte ganz Europa mit der Pracht seiner Metropole in Staunen. Damals erhielt Dresden den Beinamen Elbflorenz. Seit 1978 ist die nach Hamburg zweitgrößte Stadt an der Elbe tatsächlich durch eine Städtepartnerschaft mit Florenz verbunden.

Die Wein-, Villen- und Gartenstadt Radebeul indes sieht sich selbstbewusst als das Sächsische Nizza. Villen, Weinbergterrassen, mittelalterliche Trockenmauern und romantische Winzerhäuschen verleihen Radebeul tatsächlich mediterranen Charme. Die Große Kreisstadt grenzt direkt an Dresden und war schon immer eine der beliebtesten Wohngegenden rund um Sachsens Landeshauptstadt – bis heute.

Urlaubsstimmung kommt aber nicht nur in Radebeuls historischer Weinberglandschaft auf, sondern auch beim Besuch der Fischer- und Weindörfer entlang des Weges elbabwärts. Am Ausgang des Elbtalkessels liegt Meißen, bei dessen Erwähnung jedermann zunächst an das weiße Gold, an das weltberühmte Meißener Porzellan, denkt. In betörend schöner landschaftlicher Lage kann sich die Elbe in Meißen noch einmal herrschaftlich geben, Dank der Silhouette der Albrechtsburg mit dem gotischen Dom und dem bischöflichen Schloss.

Weiter flussabwärts passiert die Elbe Riesa, verlässt bei der mittelalterlichen Kleinstadt Strehla das Sächsische Hügelland und gelangt bald darauf nach Torgau. Das erlangte am Ende des Zweiten Weltkriegs Berühmtheit. Hier entstand das Foto vom symbolischen Händedruck amerikanischer und sowjetischer Soldaten auf einer zerstörten Elbbrücke. Nahe dieser historischen Brücke steht das Schloss Hartenfels, eines von rund 500 Baudenkmälern der Spätgotik und Renaissance in Torgau.
Die Stadt verfügt damit über ein städtebauliches Ensemble von internationalem Rang.

An dieser Stelle endet nun der Abschnitt der „Oberen Elbe“. Die Elbe hat bisher etwa die Hälfte ihres Weges zurückgelegt, dabei aber schon fast ihr gesamtes Gefälle überwunden.

Für ihren weiteren Weg nimmt sich die „Mittlere Elbe“ nun Zeit für große und sanfte Windungen durch das Norddeutsche Tiefland.

*Pirna – die Stadt an der Elbe und Tor zur Sächsischen Schweiz*

# Pirna
## Sandstein voller Leben

Dort, wo die Elbe das Elbsandsteingebirge verlässt, liegt Pirna. Die Kirchtürme der mittelalterlichen Stadt grüßen von weitem. Die Silhouette der sächsischen Kreisstadt ist in die Landschaft des Dresdner Elbtals mit Weinbergen und Schlössern und mit den Elbsandsteinmassiven der Sächsischen Schweiz im Hintergrund eingebettet.

Wegen ihrer besonderen Lage war die Region schon früh besiedelt. Die passierbare Elbfurt war wichtig für die Handelswege von und nach Böhmen. Zu Füßen einer früheren Burganlage auf einem Felsplateau, etwa 70 Meter über der Elbe, wurde um 1200 die Stadt Pirna gegründet. Sie genoss Stapelrecht und Zollprivileg und war damals führende Stadt im Elbhandel zwischen Leitmeritz und Magdeburg.

Der Name der Stadt leitet sich vom slawischen Ausdruck Na Pernem – „auf dem harten Stein" ab, womit der hier reichlich vorkommende Sandstein gemeint ist. Seit Jahrhunderten prägt er die Stadt, die als „Tor zur Sächsischen Schweiz" gilt. Von Pirna aus wurden Sandsteinblöcke in alle Welt verschifft und dort für Baudenkmäler von Weltrang wie die Dresdner Frauenkirche verwendet.

Zwanzig Kilometer südöstlich von Sachsens Landeshauptstadt hat die hübsche Elbestadt in ihrer denkmalgeschützten Altstadt selbst auch allerhand Architektur aus Sandstein zu bieten.

Allein am Marktplatz mit dem freistehenden Rathaus gelten 48 Häuser als historisch besonders wertvoll. Gemalt und anschaulich ins Bild gesetzt wurde Pirna von Bernardo Bellotto, genannt Canaletto. Der venezianische Künstler war Hofmaler des sächsischen Kurfürsten Friedrich August III. und malte in dessen Auftrag mehr Ansichten von Pirna als von Dresden. Zwischen 1753 und 1755 verewigte er das Antlitz der kleinen Stadt in elf großen Gemälden. Sämtliche Pirna-Bilder Canalettos blieben erhalten und gehören zum Bestand der Dresdener Kunstsammlungen.

Die frühere Burganlage wurde 1811 zu einer Anstalt für Geisteskranke und in der Nazi-Zeit zu einer Tötungsanstalt umfunktioniert, in der 13.720 psychisch kranke und geistig behinderte Menschen mit Giftgas ermordet wurden. An diesen organisierten grausamen Krankenmord erinnert heute die Gedenkstätte Pirna-Sonnenstein.
Zu Beginn des 21. Jahrhunderts wurde die Schlossanlage rekonstruiert und zum Landratssitz der Region Sächsische Schweiz-Osterzgebirge ausgebaut. Der ältere Teil der Anlage auf dem Sonnenstein, die Bastionen und Wehranlagen des 18. Jahrhunderts sowie die Terrassengärten des 19. Jahrhunderts, können besichtigt werden.

*Blick auf Pirnas historische Altstadt aus Richtung Nord-West*

*Überflug der nördlichen Seite von Pirna – dem rechtselbischen Stadtteil Copitz. Gegenüber auf hohem Felsen liegt der Stadtteil Sonnenstein mit seinem Schloss.*

# Dresden
## Kunst- und Kulturstadt von Weltrang

Dresden hat als Metropole nicht nur für den Freistaat Sachsen große Bedeutung, sondern genießt auch international einen klangvollen Ruf als Kunst- und Kulturstadt. Über 50 Museen, mehr als 35 Theater und Kleinkunstbühnen sowie berühmte Bauwerke aus zahlreichen Epochen ziehen Jahr für Jahr große Gästescharen aus dem In- und Ausland an. Als Sitz der Landesregierung Sachsens und des Landtags ist die Stadt politisches Zentrum im Freistaat.

1206 erstmals urkundlich erwähnt, stand Dresden anfangs im Schatten der Domstadt Meißen und der Handelsstadt Pirna. Das änderte sich, als Kurfürst Moritz von Sachsen 1547 Dresden zu seiner kurfürstlichen Residenz bestimmte und diese von Kurfürst August in eine prächtige Renaissance-Stadt verwandelt wurde.

Später, im Augusteischen Zeitalter (1694-1763), entwickelte sich das zum wirtschaftlichen und kulturellen Zentrum Sachsens empor gestiegene Dresden zu einer Barockstadt und Kunstmetropole von europäischem Rang. Zahlreiche Maler, Bildhauer, Musiker, Gartengestalter und Architekten aus Italien, Frankreich und anderen Ländern sowie bedeutende sächsische Künstler gestalteten die Stadt. Ihre Kunst ist bis heute Teil eines Gesamtwerkes, in dem die einzigartige Landschaft des Elbtals einen festen Platz hat.

In den letzten Kriegstagen 1945 fast vollständig zerstört, erstrahlt das Stadtzentrum Dresdens nach seinem Wiederaufbau heute schöner als je zuvor.

Zwar berühmt als Stadt des Barocks, sind weite Bereiche der Stadt aber im Stil der Renaissance oder des Klassizismus, vor allem im Neobaustil des Historismus errichtet. Bei der Dresdener Stadtplanung wurde immer auch auf Freiräume für die Elbe geachtet. Der Fluss durchläuft die Stadt in weiten Mäandern, mehreren seichten, aber auch engen Kurven. Ufernahe Bereiche blieben zum Schutz vor Hochwasser weitgehend unbebaut und verleihen als Elbwiesen dem Stadtbild einen besonderen Reiz.

Der Dresdner Barock präsentiert sich vor allem in dem Wahrzeichen der Stadt – der Frauenkirche. Sie gilt als prachtvolles Zeugnis des protestantischen Sakralbaus und hat eine der größten steinernen Kirchenkuppeln nördlich der Alpen. In Folge der Luftangriffe auf Dresden in der Nacht vom 13. auf den 14. Februar 1945 wurde die Kirche völlig zerstört. Millionenfache Spendengelder aus aller Welt ermöglichten den Wiederaufbau. Die Frauenkirche gilt heute international als Mahnmal gegen Krieg und als Zeugnis für Versöhnung.

Weltberühmt sind auch Dresdens kulturelle Sehenswürdigkeiten wie die Semperoper und der Zwinger. Dieser wurde in der ersten Hälfte des 18. Jahrhunderts im barocken Baustil als Ort für königliche Feste sowie Kunstausstellungen auf einer ehemaligen Bastion der Stadtfestung errichtet. Luftangriffe im Februar 1945 trafen auch diese begehbare, in Sandstein gehauene Anlage schwer.

Seit dem Wiederaufbau in den 1950er- und 1960er-Jahren beherbergt der Gebäudekomplex unter anderem die Gemäldegalerie Alte Meister.

Die Semperoper, 1977 bis 1985 nach Originalplänen von Gottfried Semper wieder errichtet, repräsentiert den Historismus. Zusammen mit dem Italienischen Dörfchen, der Altstädtischen Hauptwache, der Hofkirche und dem Residenzschloss bilden Zwinger und Semperoper die architektonische Einheit des Theaterplatzes.

Das rund zwölf Kilometer lange Elbtal von Pillnitz bis Übigau war von 2004 bis 2009 eine Kulturerbestätte der UNESCO. Durch den Bau der Waldschlößchenbrücke wurde der Welterbetitel dem Dresdener Elbtal jedoch wieder aberkannt. Seinen Charme hat das Elbtal damit aber nicht verloren.

*Die Silhouette der Dresdner Altstadt*

Semperoper
am Theaterplatz
Residenzschloss
Dresden
Neumarkt
Kronentor
Zwinger
Kulturpalast
Kreuzkirche
am Altmarkt
Rathausturm

Albertplatz
Dresden Neustadt
Japanisches Palais
Augustusbrücke
Goldener Reiter
Kunstakademie
Dresden
Königsufer
Frauenkirche
Albertinum
Terrassenufer,
Brühlscher Garten
Neue Synagoge
Polizeipräsidium

*Die Flaniermeile "Prager Straße" mit ihren zahlreichen Geschäften ist die direkte Verbindung vom Hauptbahnhof zum historischen Stadtzentrum. Die Prager Spitze und das Kugelhaus am Wiener Platz bilden das Entree zu Dresdens beliebten Einkaufsboulevard.*

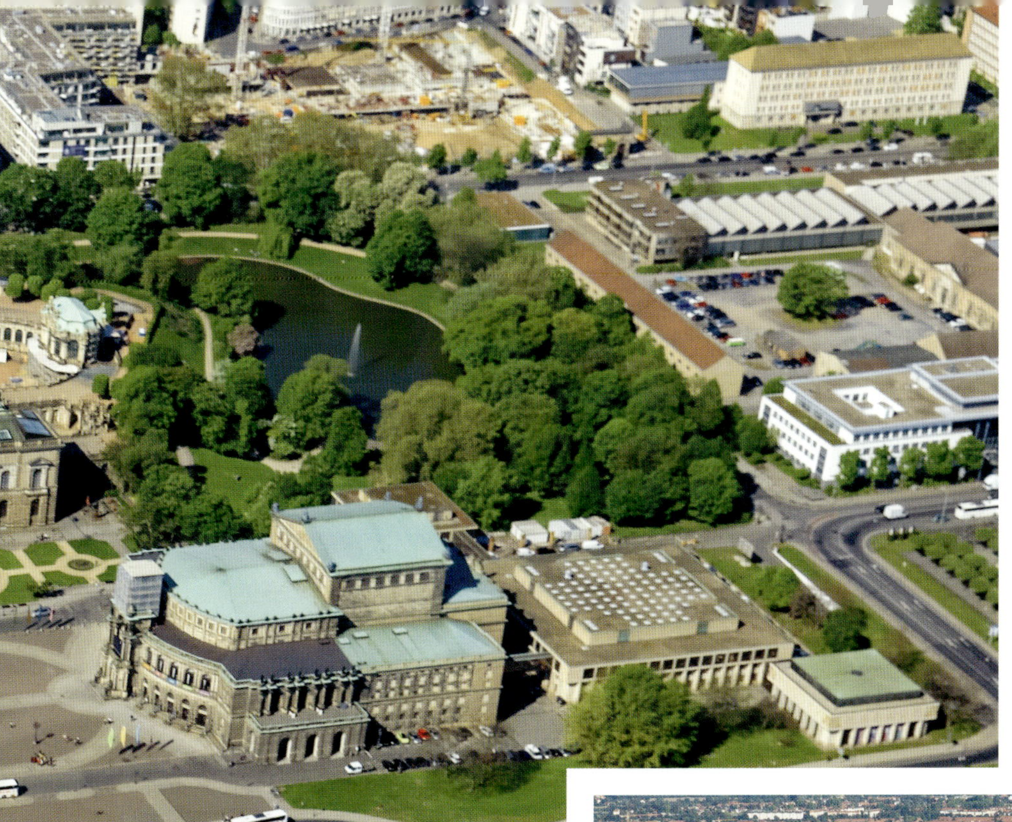

*Blick auf Dresdens anmutigen Elbbogen mit der weltbekannten Brühlschen Terrasse, auch als "Balkon Europas" bekannt. Der historische Stadtkern befindet sich am linken Ufer und zeigt die eindrucksvollen Sehenswürdigkeiten wie Schloss, Hofkirche, Theaterplatz mit Semperoper, Zwinger oder die Anlegestellen der Sächsischen Dampfschiffahrt.*

*Die Garten- und Parkanlage Pillnitz, ein Renaissanceschloss mit botanischem Palmenhaus und Museum für Kunsthandwerk, zählt stadtweit zu den schönsten Erholungsoasen für Dresdener und seine Touristen.*

*Die Villa Stockhausen, heute Lingnerschloss, ist das mittlere der drei Elbschlösser auf den Loschwitzer Elbhöhen.*

**Elbschlösser**

*In nobler Lage hoch über dem Fluss thronen die Dresdner Elbschlösser. Alle drei Anwesen entstanden zwischen 1850 und 1861. Die Grundstücke sind als Parkanlagen im englischen Stil angelegt. Die Parks von Schloss Albrechtsberg und Lingnerschloss sind tagsüber frei zugänglich, der von Schloss Eckberg ist den dortigen Restaurant- und Hotelgästen vorbehalten. (v. l. n. r.: Schloss Albrechtsberg, Lingnerschloss, Schloss Eckberg)*

**Hochwasser in Dresden**

*In Dresden hat die Elbe normalerweise einen mittleren Wasserstand von zwei Metern. Auch Wasserstände zwischen vier und fünf Metern sind für die Stadt fast folgenlos. Oberhalb von acht Metern verschärft sich die Lage jedoch sprunghaft, weil die Elbe dann alte Flussarme nicht nur füllt, sondern vollständig durchfließt und der Flutraum nicht mehr ausreicht. Das Hochwasser im Jahr 2002 hatte einen maximalen Stand von 9,40 Metern und gefährdete auch Semperoper und Frauenkirche. Auch im Juni 2013 schwoll die Elbe in Dresden auf 8,76 Meter an – der dritthöchste Wert aller Zeiten.*
*Die Fluten beider Jahrhunderthochwasser richteten binnen kurzer Zeit große Schäden an und haben das allgemeine Bewusstsein für die Gefährdung der Stadt wieder geweckt. Seitdem investieren Freistaat und Stadt in den Flutschutz.*

Festung Königstein
Pirna Sonnenstein
Pirna
Heidenau
Vogelinsel bei Pillnitz
Schloss Pillnitz
Dresdner Fernsehturm
auf den Elbhängen
Laubegast
Körnerplatz
Blaues Wunder
Loschwitzer Brücke
Schillerplatz

# Meissen
## von der Reichsburg zur Porzellanstadt

Nordwestlich von Dresden passiert die Elbe die Wiege Sachsens. Malerisch am Ausgang des Elbtalkessels und an der Mündung der Triebisch in die Elbe gelegen, umringen sanfte Weinberge das historische Stadtzentrum von Meißen. Da die Stadt im Zweiten Weltkrieg weitgehend von Bomben- und Artillerieangriffen verschont blieb, verfügt sie über sehr viel wertvolle Bausubstanz mit knapp 1.450 Einzel-Baudenkmälern. Die Altstadt ist ein einziges großes Flächendenkmal.

Heinrich I. erkannte schon 929 die günstige Lage des steil über dem Elbufer aufragenden Felsmassivs. Unterhalb der vom König gegründeten Burg „Misnia" entwickelte sich Meißen Ende des 12. Jahrhunderts aus einem slawischen Dorf zur Stadt. Sie war Bischofssitz und Machtzentrum des 968 gegründeten Bistums. Später wurden die Wettiner Fürsten mit der Mark Meißen belehnt und die Stadt als Sitz der Markgrafen und der ersten sächsischen Kurfürsten zur Wiege Sachsens. Erst 1485 endete mit dem Aufstieg Dresdens die Ära Meißens als Residenzstadt.

Als sichtbarer Zeuge einstiger kirchlicher und weltlicher Macht ist auf dem Meißner Burgberg das bauhistorisch wertvolle Ensemble aus Albrechtsburg, Dom, Bischofsschloss und den Domherrenhöfen geblieben. Der Dom mit der vorgelagerten Fürstenkapelle – eine der berühmtesten Begräbnisstätten der Wettiner – ist einer der stilreinsten deutsch-gotischen Dome überhaupt.

Die Albrechtsburg gilt als erster Schlossbau im deutschsprachigen Raum und wurde im spätgotischen Stil errichtet. In ihr hatte die erste Porzellan-Manufaktur Europas ihr Domizil, die August der Starke dort 1710 gründete. Die blauen Schwerter auf dem weißen Gold machten Meißen und seine edlen Porzellankreationen später weltberühmt.

Die vielfältige Geschichte der über 1.000-jährigen Stadt erzählt die Altstadt. Die hat ihre mittelalterliche Grundform erhalten. Zahlreiche restaurierte Gotik- und Renaissance-Bürgerhäuser künden vom Reichtum des Meißner Bürgertums im 16. und 17. Jahrhundert. Gleiches gilt für den Markt wo Rathaus und Frauenkirche stehen, an deren Turm sich das weltweit älteste noch funktionierende Porzellan-Glockenspiel befindet. Die verwinkelten Gassen, die Treppen zum Burgberg sowie hübsche Passagen, idyllische Höfe oder zahlreiche Weinstuben machen ebenfalls das Flair Meißens aus. Die inzwischen 800-jährige Tradition des Weinanbaus im Elbtal begann rund um Meißen. Schloss Proschwitz unweit der Stadt ist das älteste sächsische Weingut.

*Sächsisches Elbtal, Spaargebirge, Altstadt mit Meißner Dom und der Albrechtsburg*

*Blick auf den Burgberg mit seinem beeindruckenden Ensemble aus Albrechtsburg, dem Bischofsschloss und dem gotischen Dom*

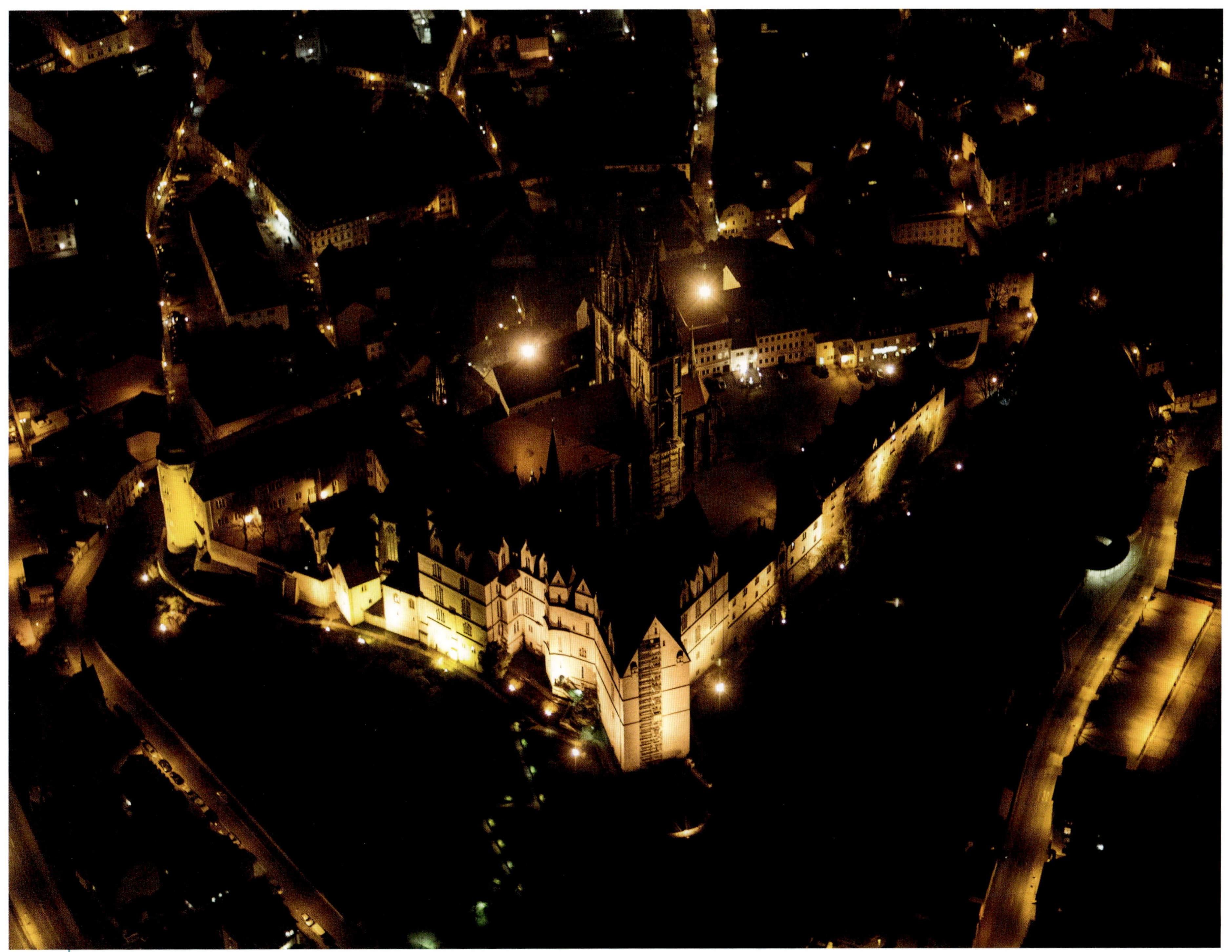

*Hell erleuchtet, Meißens Wahrzeichen mit seinen Türmen*

*Diera-Zehren mit seinen 21 Ortsteilen links und rechts der Elbe schließt unmittelbar an das Elbtal an. Der Golkwald und die Göhrischfelsen sind beliebte Ausflugsziele für Wanderer und Radler.*

**Riesa**

*Das heutige Riesa sieht sich vor allem als Sportstadt. Bei Fußball, Turnen, Leichtathletik, Schwimmen, Boxen, Radsport, Kegeln und in der Sportakrobatik erzielten Söhne und Töchter der Stadt nicht selten nationale und internationale Erfolge.*
*Viele Sportstätten wurden in den vergangenen Jahren neu errichtet oder umfassend modernisiert.*

**Schloss Moritzburg**

*Das Jagdschloss, erbaut von August dem Starken, befindet sich in der gleichnamigen Gemeinde Moritzburg nahe Dresden. Der barocke Vierflügelbau mit seinen vier dicken Rundtürmen ruht auf einem podestartigen Sockelgeschoss.*

Kiessandtagebau Zeithain

Stadtpark

Trinitatiskirche

Sachsen-Arena Riesa

**Riesa**

*Rauchende Schlote, stinkende Industrieabgase und eine braune Elbe gehören auch in Riesa der Vergangenheit an. Der Hafen der Stadt ist mit leistungsfähigen Anlagen ausgestattet, für Umladungen von Containern sowie Stück-, Schütt- und Schwergütern. Er bringt den zweitgrößten Umschlag der neuen Bundesländer und ist an das Straßen- und Eisenbahnnetz angeschlossen.*

**Schloss Strehla**

*Das Schloss Strehla kann Bausubstanzen vom 10. bis zum 19. Jahrhundert und Stilelemente der Spätgotik sowie der Renaissance aufweisen. Es ist von einem weitläufigen Park mit zum Teil sehr altem Baumbestand umgeben.*

**Strehla**

*Strehla liegt eingebettet in eine malerische Auenlandschaft des sächsischen Hügellandes, bevor die Elbe im weiten Bogen in die mitteldeutsche Tiefebene eintritt.*
*Die 1000-jährige Kleinstadt bietet eine abwechslungsreiche Geschichte und denkmalgeschützte Häuser im mittelalterlich geprägten Stadtkern.*

**Mühlberg**

*Bei Mühlberg verlässt die Elbe nicht nur das sächsische Hügelland, sondern auch den Freistaat Sachsen und unternimmt einen kurzen Umweg ins Land Brandenburg. In der einstigen Ackerbürgerstadt florierte früher auch das Schiffergewerbe. Denn als Mühlberg um 1200 entstand, floss die Elbe noch hindurch.*

*Bei diesem seltenen Beispiel einer mittelalterlichen Doppelstadt mit Insellage wurden Alt- und Neustadt 1346 durch den Zusammenschluss zwar rechtlich vereinigt, doch erst als der gewundene Flusslauf einfach abgeschnitten wurde, bildeten sie auch räumlich eine Einheit. Die Elbe schlägt seither einen Haken um die kleine Stadt.*

# Renaissancestadt Torgau

An der Elbe zwischen Meißen und der Lutherstadt Wittenberg liegt Torgau. Die Stadt ist nicht nur ein weltbekanntes Symbol für das Ende des Zweiten Weltkriegs, sondern auch eine der schönsten Renaissancestädte Deutschlands. Die Stadt mit inzwischen mehr als Tausendjähriger Geschichte war im 16. Jahrhundert das politische Zentrum Sachsens und der Reformation.

**Schloss Hartenfels**

*Wahrzeichen Torgaus ist das Schloss Hartenfels, das Größte unter den in Deutschland vollständig erhaltenen Schlössern der Frührenaissance.*
*Die Geschichte der vierflügeligen Anlage wurde auch von Martin Luther, Lucas Cranach, Heinrich Schütz, Zar Peter I. und Napoleon geprägt.*
*Heute bildet Schloss Hartenfels das Verwaltungszentrum des Landkreises Nordsachsen.*

**Torgaus älteste Eisenbahnbrücke**

*Von Torgaus alter Eisenbahnbrücke aus dem Jahr 1872 ist kaum etwas geblieben. Wegen ihres hohen Alters und des schlechten Zustandes wurde neben der alten Konstruktion eine neue Brücke errichtet, die 1997 in Betrieb ging. Die alten Überbauten wurden demontiert, die Brückenköpfe blieben.*

*Oberhalb von Riesa erreicht die Elbe das Norddeutsche Tiefland, strömt vorbei am altehrwürdigen Städtchen Torgau und durchfließt bei Prettin die Grenze zwischen Sachsen und Sachsen-Anhalt.*

# Das Elbtal von Wittenberg bis Magdeburg

Die Mittlere Elbe fließt bis zum Wehr Geesthacht nun nur durch Tiefland. Diesen Weg hat sie sich vor Jahrtausenden schon durch eiszeitliche Urstromtäler gebahnt. Der Mensch hat den Fluss in diesem Bereich weitgehend sich selbst überlassen. Die Landschaft blieb weitgehend unverändert.

Im Unterschied zum bisherigen Verlauf ist die Mittelelbe ein ruhiger Tieflandfluss, der sich gemächlich durch sattgrüne Wiesen und Sumpflandschaften wälzt und dabei auch ausgedehnte Kiefern- und Mischwälder streift. Charakteristisch für die Landschaft ist ihr sehr geringes Gefälle. So kann der Fluss im flachen Gelände seines recht breiten Tales weit ausschwingen – er mäandert. Wo zwei Schlingen sich berühren, wählte das Wasser eine Abkürzung und hinterließ alte, tote Flussarme, die zum Teil verlandeten.

Die Ufer der Elbe werden vor allem durch Buhnen geprägt, von denen es bis Hamburg beinahe 7000 gibt. Von beiden Seiten ragen sie wie Nasen in das Wasser hinein. Von Menschen erdacht und erbaut, dienen sie seit rund 150 Jahren dem Schutz der Deiche, der Landgewinnung und der Fahrrinnenvertiefung.

In der Nähe von Jessen, am Zufluss der Schwarzen Elster, dreht sich die Elbe scheinbar um. Im rechten Winkel wendet sich der Fluss in der Nähe des alten Fischer- und Schifferdörfchens Elster westwärts.

Eine abwechslungsreiche Landschaft bietet sich dem Betrachter im Dreiländereck von Sachsen, Sachsen-Anhalt und Brandenburg – von den Elbauen bis zu den Ausläufern des flachwelligen Flämings, jenes hügeligen Landstrichs, der nach Siedlern aus Holland und Flandern benannt ist. Die zogen aus den „Niederen Landen" an der Nordsee in großen Gruppen gen Osten, weil sie in ihrer Heimat durch Sturmfluten Besitz und Land verloren hatten und den Ruf hörten: „Kommt her, ihr Franken und Flamländer, hier könnt ihr herrliches Wohnland erlangen!" Die Siedler aus dem Norden brachten ihre Erfahrungen als Bauern und Handwerker mit, legten Sümpfe trocken, bohrten Brunnen und bauten Deiche.

Mit ihnen kam auch das Christentum ins Land. Eine Vielzahl von Feldsteinkirchen zeugt von der Christianisierung einer Region, die später nach den Flamen „Fläming" benannt wurde.

Mündung der Schwarzen Elster

*Naturschutzgebiet "Großer Streng" im Landschaftsschutzgebiet Mittelelbe nördlich von Wartenburg*

Luthergarten
Lutherdenkmal
vor dem Rathaus
Stadtkirche
Sankt Marien

Schlosskirche

Tierpark

Die bekannteste Fläming-Stadt ist die Lutherstadt Wittenberg, deren Umgebung vor allem durch die Elbe geprägt wird. Von hier bis nach Magdeburg zieht sich eine natürliche Auenlandschaft, deren Einmaligkeit schon zeitig erkannt wurde.

Seit 1979 genießt das „Land der Elbebiber" den Schutz der UNESCO. Noch vor hundert Jahren galt der Biber als fast ausgestorben. Das Tier hat sich durch umfangreiche Schutzmaßnahmen inzwischen seinen angestammten Lebensraum an der Elbe zurückerobert.

*Martin Luther*

Mitten in dieser einzigartigen Flusslandschaft Mittlere Elbe liegt das von Fürst Leopold III. Friedrich Franz geschaffene Gartenreich Dessau-Wörlitz. Wie Wittenberg steht es auf der Welterbe-Liste der UNESCO, die diesen Status auch den Bauhaus-Bauten im nahen Dessau verliehen hat. Der Reformator Martin Luther, der anhaltische Fürst und die Bauhäusler schufen in den vergangenen Jahrhunderten in unmittelbarer Nähe zur Elbe großartige Kulturleistungen.

Zwischen Dessau und Magdeburg geht die Elbe zwei wichtige Verbindungen ein. Nördlich der einstigen anhaltinischen Metropole nimmt sie zunächst die Mulde und bei Barby dann die Saale auf. Danach nähert sich die Elbe Schönebeck, in dessen Stadtteil Salzelmen die Wiege der deutschen Soleheilbäder stand. Nun ist es nicht mehr weit, bis der Strom Magdeburg erreicht. Dort fließt er allerdings nicht mehr im ursprünglichen, von alters her angestammten Bett, sondern in einem Umflutkanal, der um Sachsen-Anhalts Landeshauptstadt herumführt.

# Bummel durch die Weltgeschichte in der Lutherstadt Wittenberg

Bei der Lutherstadt Wittenberg fließt die Elbe in eine Region mit dem dichtesten Bestand von UNESCO-Welterbestätten der Erde.
Dazu zählt nicht nur Wittenberg mit der Stadtkirche St. Marien, der Schlosskirche Allerheiligen, dem Luther- und dem Melanchthonhaus. Auch das benachbarte Dessau-Wörlitzer Gartenreich und das Dessauer Bauhaus tragen diese Auszeichnung.

Geruhsam, mit kaum mehr als drei Kilometern pro Stunde, nähert sich die Elbe Wittenberg, das seit 1293 Stadtrecht genießt.

Der Name weist darauf hin, dass hier einst eine Burg auf einem „wit", also einem weißen, hell leuchtenden Berg stand. Und tatsächlich befindet sich Wittenberg auf einer kleinen Anhöhe aus weißem Sand. Auch unter der grünen Decke des Umlandes befindet sich metertief Sand des eiszeitlichen Urstromtals, dem die Elbe hier folgt.

Ein Besuch der Stadt gleicht einem Bummel durch die Weltgeschichte. 1502 wurde hier die erste von einem Landesherrn gegründete Universität errichtet, deren Ruf bald alle anderen Universitäten Deutschlands übertraf. Die wichtigsten Gelehrten jener Zeit studierten und lehrten in der Leucorea, darunter Martin Luther und Philipp Melanchthon.

Die historische Meile der Lutherstadt führt von der Schlosskirche mit der berühmten, jedoch nicht mehr originalen Thesentür, vorbei an den Cranachhöfen und dem Melanchthonhaus, zur Stadtkirche und dann bis zum Lutherhaus. Die beherbergt heute das größte reformationsgeschichtliche Museum der Welt. Bis zum 31. Oktober 2017, wenn evangelische Christen in aller Welt den 500. Jahrestag von Luthers Thesenanschlag feiern, werden die UNESCO-Welterbestätten in Wittenberg saniert und verschönert. Eine solche Reparatur bekam auch die Stadtkirche Sankt Marien, die Mutterkirche der Reformation. Hier predigte Luther oft und in ihr begann die Tradition der evangelischen Gottesdienste in deutscher Sprache, mit Gemeindegesang und mit der Kommunion des Abendmahls. Zudem wird hier der weltberühmte Reformationsaltar von Lucas Cranach d. Ä. bewahrt, der in vier Bildtafeln die Grundzüge evangelischen Gemeindelebens zeigt.

**Wittenberger Schlossensemble und Luthergarten an der Andreasbreite**

*2017 feiert die Lutherstadt Wittenberg "500 Jahre Reformation". Zum Reformationsjubiläum soll alles in neuem Glanz erstrahlen. Die Schlosskirche zu Wittenberg, einer der wichtigsten Orte der Reformation, wurde aufwendig saniert und feierlich eingeweiht.*

*An verschiedenen Standorten entlang der Wallanlagen befinden sich die Grünflächen des Luthergartens. Bis zum Jubiläumsjahr wurden hier 500 Bäume für "500 Jahre Reformation" gepflanzt. Kirchen aus aller Welt und aller Konfessionen übernahmen die Patenschaften dafür.*

**Wittenberger Altstadt**

*Im Zentrum des historischen Stadtkerns, auf dem Marktplatz, stehen neben dem Rathaus auch das Lutherdenkmal und das Denkmal Philipp Melanchthons, rechts die Stadtkirche.*

**Die Hundertwasserschule**

*Markant sticht die Hundertwasserschule hervor. Bunte Fassaden und ein begrüntes Dach schmücken das Luther-Melanchthon-Gymnasium in Wittenberg. Es wurde nach Plänen des Architekten Friedensreich Hundertwasser umgebaut.*

**Agro-Chemie Park Piesteritz**

*Der Ortsteil Piesteritz beherbergt das bedeutendste Gewerbegebiet der Lutherstadt Wittenberg – den Agro-Chemie Park mit der SKW Stickstoffwerke Piesteritz GmbH und der weiteren Ansiedlung von mehr als 30 Unternehmen.*

# Biosphärenreservat entlang der Elbe

Betreten ausdrücklich erlaubt und erwünscht! Diese Devise gilt im Schutzgebiet der Mittleren Elbe. Belebte Orte, Industrieansiedlungen, landwirtschaftliche und touristische Nutzung sowie Verkehrswege sind hier Bestandteil der traditionellen Kulturlandschaft. Natur- und Umweltschützer unterstützen dieses Anliegen.

Ursprünglich war die Elbtalaue eine reine Waldlandschaft. So weit, wie sich die Überschwemmungen ausdehnten, so weit reichte der Auwald, ein grünes Meer auf Tausenden Hektar Fläche. Die hier noch intakten Naturräume für nachfolgende Generationen zu bewahren, ist eine Hauptaufgabe des UNESCO-Biosphärenreservats Mittlere Elbe in Sachsen-Anhalt. Trotzdem bleiben nur wenige ausgewiesene Kernzonen komplett frei von menschlichem Einfluss.

Der Steckby-Lödderitzer Forst war 1979 das erste UNESCO-Biosphärenreservat in Deutschland. Das Reservat bildete die Keimzelle nicht nur des jetzigen Schutzgebietes „Mittlere Elbe", sondern auch der heute länderübergreifend geschützten „Flusslandschaft Elbe".

Diese erstreckt sich über einen rund 400 Kilometer langen Stromabschnitt durch fünf Bundesländer: Sachsen-Anhalt, Brandenburg, Niedersachsen, Mecklenburg-Vorpommern und Schleswig-Holstein. In diesem größten Biosphärenreservat an einem mitteleuropäischen Strom gibt es eine enorme Vielfalt an Tier- und Pflanzenarten.

Im sachsen-anhaltinischen Teil der „Flusslandschaft Elbe" befinden sich zwischen der Mulde- und der Saalemündung Europas größte zusammenhängende Auenwälder. Ohne das immer wiederkehrende Hochwasser der Elbe können diese Landschaften nicht existieren. Das Mosaik aus Auenwäldern, Grünland und einer Vielzahl stehender und fließender Gewässer im Überflutungsgebiet bietet ideale Voraussetzungen für das Entstehen einzigartiger Tier- und Pflanzengesellschaften. Aushängeschild und Symboltier des Biosphärenreservats Mittlere Elbe ist der Biber.

**Groß Rosenburg**

*Die Landschaft bei Groß Rosenburg, unmittelbar bevor die Saale in die Elbe mündet.*

Elbe
Saale
Alte Saale

**Coswig**

*„Coswig liegt hoch in gesunder Luft und unten fließt die Elbe vorbei", pries schon Melanchthon den kleinen Ort auf halbem Weg zwischen Wittenberg und Dessau. Der Treidelweg am Elbufer ist ein beliebter Spazier- und Flanierweg und Teil des Elberadweges. Treidelstege oder auch „Schifferstiege" begannen in Hamburg und führten über rund 800 Kilometer bis nach Böhmen. Die Menschen, die sie einst nutzten, leisteten Schwerstarbeit. Die Treidler, Schiffstrecker oder auch Bomätscher genannt, zogen Schiffe stromaufwärts.*

**Dessau-Roßlau**

*In Dessau-Roßlau mündet die Mulde in die Elbe. Außerhalb der Stadt beginnen die Auenwälder entlang des Flusses.*

**Aken**

*In einem ausgedehnten Tieflandgebiet mitten im Biosphärenreservat Mittelelbe liegt Aken, einst eine der bedeutendsten Schifferstädte an der Elbe. Der dortige Binnenhafen ist durch einen Schiffslinienbetrieb direkt mit dem Seehafen Hamburg verbunden.*

**Barby**

*Die Stadt Barby im idyllischen Elbe-Saale-Winkel bildet die westliche Grenze des Biosphärenreservats Mittelelbe. Der Bau der Marienkirche (Bildmitte) wurde wohl schon im frühen 14. Jahrhundert begonnen, doch erst Ende des 17. Jahrhunderts vollendet.*

*Der gewaltige Kirchturm ist das Wahrzeichen der Stadt Barby. Überregional bekannt ist Barby durch seinen Pegel, an dem die täglichen Wasserstandsmeldungen der Elbe abgelesen werden. Vor allem in Hochwasser-Zeiten sorgen Neuigkeiten aus der kleinen Stadt deutschlandweit für Schlagzeilen.*

**Barby**

*Das Schloss Barby war im 18. Jahrhundert jahrzehntelang Sitz der evangelischen Brüdergemeinde. Dort hatten das Theologische Seminar und das Pädagogium, eine Sternwarte, das Naturalienkabinett und eine Druckerei ihr Domizil. Heute beherbergt das Schloss das Grundbucharchiv von Sachsen-Anhalt.*

**Dornburg**

*Abseits großer Verkehrswege, im Urstromtal und Biosphärenreservat Mittelelbe, liegt das kleine Dorf Dornburg, heute ein Ortsteil der Stadt Gommern. Das fürstliche Lustschloss an der Elbe ließ Johanna Elisabeth von Anhalt-Zerbst errichten. Die Schwester des schwedischen Königs Adolf Friedrich plante eine barocke Schlossanlage, die sowohl ihrer Prunksucht genügen als auch einem etwaigen Empfang ihrer Tochter, der Zarin Katharina von Russland, würdig sein sollte. Fertiggestellt wurde jedoch nur der Mittelbau, das Corps de Logis. Es befindet sich heute im Besitz des Landes Sachsen-Anhalt.*

**Elbebrücke bei Schönebeck**

*Die Schönebecker Elbauenbrücke wurde im August 2013 eröffnet.*
*Das imposante Bauwerk der Schrägseilbrücke gewann einen der weltweit renommiertesten Ingenieurbaupreise.*
*Die schlichte Eleganz der Brücke, die perfekt in die umgebende Landschaft passt, war entscheidend für die Wahl zum besten Brückenbauwerk der Welt im Jahr 2014.*

Groß Rosenburg/
Klein Rosenburg
Saalemündung
bei Barby
"Saalhorn"

# Gartenreich zwischen Elbe und Mulde wurde zum Welterbe

Das unter UNESCO-Schutz stehende Gartenreich Dessau-Wörlitz entstand in der zweiten Hälfte des 18. Jahrhunderts an der Mittleren Elbe und Unteren Mulde.
Leopold III. Friedrich Franz Fürst von Anhalt-Dessau (1740-1817) und sein Berater Friedrich Wilhelm von Erdmannsdorff schufen dort eine spektakuläre Kulturlandschaft. Leopold galt als ein bedeutender Vertreter des aufgeklärten Absolutismus, Initiator vielfältiger kultureller, landschaftsgestalterischer und pädagogischer Reformen seiner Zeit.

Von ihren Reisen durch Europa brachten sie viele Anregungen für die gezielte Landschaftsgestaltung mit. Ab 1764 nahmen die Wörlitzer Anlagen Gestalt an. Durch die optische und gestalterische Vernetzung mit anderen Landschaftsgärten in und um Dessau entstand eine im europäischen Maßstab einzigartig geschlossene Gartenlandschaft.
Die Anlagen wurden durch zahlreiche Alleen, Deiche und Sichtachsen miteinander verbunden und häufig durch Kleinarchitekturen und Plastiken aufgewertet.

Damals völlig neu war die starke Pädagogisierung. Kein Zaun trennte den Garten von der Stadt, jeder hatte freien Zutritt und konnte sogar das Schloss besichtigen. Die öffentliche Zugänglichkeit von Gebäuden und Gartenanlagen entsprach den aufklärerischen und pädagogischen Absichten der Bauherren. Die wollten vor mehr als 200 Jahren mit diesem Gartenreich vor allem auch Bildung vermitteln. So ließen sie vor den staunenden Augen ihrer Zeitgenossen seltene Gehölze und Pflanzen wachsen sowie literarisch inspirierte Gartenszenen und ganze Landschaften anlegen.

Zudem integrierten sie in ihr Gartenreich technische Errungenschaften als Ausdruck eines anhaltenden Modernitätsstrebens. So erzählen in den Wörlitzer Anlagen 19 unterschiedliche Brücken dem Besucher die Geschichte des Brückenbaus – vom einfach über den Bach gelegten Baumstamm über Exemplare aus chinesischer, venezianischer und römischer Bauzeit bis zur damals modernsten eisernen Brücke. Heute bestaunen alljährlich rund eine Million Besucher die ideale Verschmelzung von Landschaft, Kultur und Kunst in dieser Welterbe-Stätte.

**Wörlitzer Anlagen**

*Felseninsel "Stein" mit der originalgetreuen Nachbildung des Vesuvs bei Neapel und der Villa Hamilton.*

**Wörlitzer Anlagen**

*Das Gotische Haus wurde von 1773 bis 1813 erbaut. Vorlage waren Pläne von Erdmannsdorff und dem Baudirektor Georg Christoph Hesekiel.*

*Die chinesische Brücke führt über den Wolfskanal. 19 verschiedene Brücken wurden in der Anlage errichtet. Diese bildet den Beginn der Einmündung in das Kleine Wallloch.*

*Ein paradiesisches Gesamtkunstwerk mit großartiger Architektur und romantischer Baukunst, indem sich Seen, Kanäle, Inseln und Auen, Baumensembles, Brücken und Grotten, das klassizistische Wörlitzer Schloss, die St.-Petri-Kirche oder das gegenüberliegende Gotische Haus vereinen.*

**Wörlitzer Anlagen**

*Wie ein grüner Gürtel umschließt eine einzigartige Natur- und Kulturlandschaft die einstige anhaltinische Residenzstadt Dessau.*

**Dessau**

*2005 zog das Umweltbundesamt von Berlin in die Bauhausstadt Dessau-Roßlau – in einen ökologischen Musterbau, dem später das Deutsche Gütesiegel für nachhaltiges Bauen verliehen wurde.*

**Vockerode**

*Inmitten des Dessau-Wörlitzer Gartenreichs erhebt sich diese Industrieruine aus dem 20. Jahrhundert. 1937 wurde das Kraftwerk Vockerode bewusst an dieser Stelle gebaut. Das Wasser der nahen Elbe wurde zum Kühlen der Anlage benutzt. Heute liegt die Ruine wie ein gestrandeter Dampfer aus Stein am Flussufer.*

**Dessau-Roßlau**

*Die drittgrößte Stadt Sachsen-Anhalts liegt in einer außerordentlich reizvollen Auenlandschaft am Zusammenfluss von Elbe und Mulde.*

**Dessau Innenstadt**

*Die ehemalige fürstliche Residenzstadt Dessau war im 18. Jahrhundert ein Zentrum der deutschen Aufklärung und im 20. Jahrhundert mit den Junkers-Werken Stadt des Flugzeugbaus. Die Bauhaus-Bewegung ließ aus Dessau eine Ikone der Moderne werden. Bauten der Bauhäusler, die von 1925 bis 1932 in Dessau ihr Domizil hatten, gehören zum UNESCO-Welterbe, so unter anderem das Bauhaus-Gebäude von Walter Gropius, die Meisterhäuser und das Kornhaus an der Elbe.*

Elbe
Mulde
Beckerbruch
Park

# Magdeburg

## Ottostadt an der Elbe

Rund 20 Kilometer schlängelt sich die Elbe durch Magdeburg, die Stadt Ottos des Großen und Ottos von Guerickes. Die Männer gleichen Namens haben Sachsen-Anhalts Landeshauptstadt ganz entscheidend geprägt und ihr so den Beinamen Ottostadt gegeben.

Die drittgrößte Stadt an der Elbe hat mit ihren gut 1.200 Jahren eine bewegte Vergangenheit. 805 erstmals urkundlich erwähnt, schenkte der erste römisch-deutsche Kaiser seiner Gattin Magdeburg als Morgengabe. Otto I. war es auch, der in seiner Lieblingspfalz einen Dom errichten ließ, in dessen Nachfolgerbau heute die sterblichen Überreste des mächtigen deutschen Herrscherpaares ruhen. Während Otto I. Magdeburg zu einer Wiege der deutschen Nation machte, wurde die englische Prinzessin Editha an der Elbe zu einer „Königin der Herzen".

Im Kulturhistorischen Museum Magdeburgs steht das Original des wohl bekanntesten Reiters des Mittelalters – der Magdeburger Reiter, der vermutlich Otto I. darstellt. Eine goldene Kopie dieses ersten freistehenden Reiterstandbilds nördlich der Alpen wacht über das Treiben auf dem Alten Markt. Nur wenige Schritte entfernt thront auf steinernem Podest ein Namensbruder Ottos I. – der Erfinder und Diplomat Otto von Guericke. Der Entdecker des Vakuums sorgte als Bürgermeister von Magdeburg für das Wiederaufblühen der Stadt nach dem Dreißigjährigen Krieg.

Lange galt Magdeburg als eine der schönsten Barockstädte Deutschlands, bis im Januar 1945 auch diese Elbestadt durch Weltkriegsbomben ihr Gesicht verlor. Der Wiederaufbau des Zentrums orientierte sich anfangs am russischen „Zuckerbäckerstil", später füllten vor allem industriell gefertigte Häuser einen Teil der riesigen Baulücken. Nach 1990 wurden die verbliebenen Reste der einstigen architektonischen Pracht Magdeburgs restauriert und neben die historischen Bauten neue, moderne Architektur platziert. So geschehen rund um den Domplatz, der von der nach dem Kölner Dom zweitgrößten Kathedrale Deutschlands geprägt wird.

Die Barockhäuser gegenüber dem gotischen Dom sind heute nicht nur wieder hübscher Blickfang, sondern Sitz von Landesregierung und des Landtags von Sachsen-Anhalt. Daneben wurde Neues gewagt. Der Gebäudekomplex der Landesbank mit zartblauer Fassade und die „Grüne Zitadelle von Magdeburg", eines der letzten architektonischen Werke von Friedensreich Hundertwasser, fügen sich auf ungewöhnliche Art in das Ensemble barocker Fassaden und modernen Designs am Domplatz ein. Von dort sind es nur wenige Schritte bis zum Kloster „Unser Lieben Frauen", einem Höhepunkt auf der Sachsen-Anhalt durchziehenden „Straße der Romanik". Unweit des fast 1.000 Jahre alten heiligen Bauwerks fließt die Elbe, die durch die Magdeburger seit einigen Jahren als Kultur- und Lebensraum neu entdeckt wird. Industriebrachen am Strom wurden zu begehrten Wohnarealen, das Elbufer zum Raum für Sport und Freizeit, der alte Handelshafen zum Wissenschaftsstandort.

Im Stadtzentrum teilt sich die Elbe für einige Kilometer und umarmt Magdeburgs grüne Insel, den Werder mit dem Stadtpark Rotehorn. Die älteste grüne Oase der Elbestadt hat ebenfalls Bezug zum Fluss. Der Herrenkrug, ein weitläufiges Gelände am östlichen Elbufer, wurde im 19. Jahrhundert nach Ideen des königlich-preußischen Gartendirektors Lenné zu einem herrschaftlichen Park umgestaltet. Mit seiner grünen Sport- und Freizeitmeile ist der Herrenkrugpark ebenso wie der Elbauenpark mit dem hölzernen Jahrtausendturm ein beliebtes Ausflugsziel der Magdeburger.

Kloster „Unser Lieben Frauen“ und
Konzerthalle Georg Friedrich Telemann

Der gotische Dom mit den 101 Meter hohen Doppeltürmen dominiert das Stadtzentrum von Magdeburg. Rechts davon und gegenüber erstrecken sich repräsentative Barockbauten, links davon ein modernes Bankgebäude und die Grüne Zitadelle, das Hundertwasserhaus.

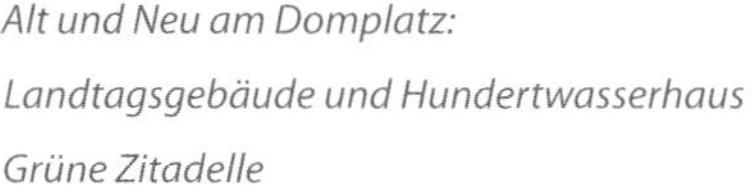

Alt und Neu am Domplatz:
Landtagsgebäude und Hundertwasserhaus
Grüne Zitadelle

**Rotehornpark**

*Ruderhaus im Stadtpark. Die Alte Elbe führt meist nur wenig Wasser.*

*Im Magdeburger Industriegebiet Rothensee hat die Firma Enercon einen bedeutsamen Produktionsstandort. Das Unternehmen ist einer der größten deutschen Hersteller von Windkraftanlagen.*

**Stadthalle Magdeburg**

*Im Rotehornpark steht die Stadthalle. Das Gebäude wurde bei der Bombardierung zerstört und brannte aus. 1966 wurde die Halle wieder aufgebaut.*

**Magdeburger Elbinsel**

*Der Mitteldeutsche Rundfunk hat sich auf der Elbinsel eingerichtet. Das Funkhaus wurde mit Blick auf den Dom gebaut.*

*An die Elbinsel Werder grenzt der Elbauenpark. Er wurde anlässlich der Bundesgartenschau 1999 auf einem ehemaligen Kriegstrümmerfeld angelegt.*

**Elbauenpark Magdeburg**
*Hauptattraktion im Elbauenpark ist der Jahrtausendturm. Mit seinen 60 Metern Höhe ist er das höchste Holzgebäude Deutschlands. Im Turm befindet sich eine Ausstellung zur Entwicklung der Wissenschaften.*

# Das Elbtal von Magdeburg bis zur Havelmündung

Um Magdeburg herum durchfließt die Elbe ein ausgesprochen plattes Terrain. Gewaltige Eismassen haben die Flächen in der Saaleeiszeit regelrecht gewalzt. Die Gletscher hinterließen eine dicke Lößschicht. Für diese ist die Magdeburger Börde heute bekannt. Auf dem bis zu zwei Meter mächtigen Ackerboden allerhöchster Güte gedeihen Zuckerrüben und Getreide besonders gut.

In dieser fruchtbaren Region verlässt die Elbe unweit von Schönebeck, bald nachdem sie die Saale aufgenommen hat, ihr ursprüngliches Flussbett. Der heutige Umflutkanal führt auf einer Strecke von mehr als 20 Kilometern um Magdeburg herum. Erst bei Lostau mündet das Wasser wieder in die Elbe. Der Kanal wurde in der zweiten Hälfte des 19. Jahrhunderts ausgebaut und Teil eines Schutzsystems. Bei Hochwasser können so bis zu einem Drittel der Elbefluten an Magdeburg und Schönebeck vorbeigeleitet werden.

Das geschieht, wenn das Pretziener Wehr geöffnet wird. Der 1876 in Betrieb genommene ingenieurtechnische Meisterbau ist das größte Schützentafelwehr Europas. Vorwiegend von italienischen Bauarbeitern und französischen Kriegsgefangenen erbaut, ist die stählerne Konstruktion mehr als 100 Meter lang. Versehen wurde sie mit zehn Stützpfeilern aus Sandstein und gut 300 stählernen Schützentafeln. Die schweren Platten werden gezogen, wenn große Überschwemmungen drohen. Anfangs wurden sie mit einer Handwinde hochgehievt, heute erleichtert Elektrotechnik das Öffnen des Wehres.

**Pretziener Wehr**

*Blick über die Elbauenlandschaft bei Gommern auf das Pretziener Wehr, das 1889 auf der Weltausstellung in Paris eine Goldmedaille erhielt und noch immer funktionstüchtig ist.*

Ebenfalls ein Jahrhundertbauwerk, welches jedoch wesentlich jünger ist, befindet sich kurz hinter Magdeburg. Nach der Autobahnbrücke Berlin – Hannover quert eine weitere, aber sehr ungewöhnliche Brücke die Elbe – ein Strom über den Strom. Die 918 Meter lange Trogbrücke, die weltweit längste ihrer Art, ist Kernstück des Wasserstraßenkreuzes Magdeburg. Bevor das Verkehrsprojekt „Deutsche Einheit 2003" fertiggestellt wurde, mussten Schiffe einen viele Kilometer langen Umweg fahren, um aus dem Mittellandkanal in den Elbe-Havel-Kanal zu gelangen. Zusammen mit der Sparschleuse Rothensee und der Doppelsparschleuse Hohenwarthe entstand mit der Trogbrücke eine leistungsfähige Wasserstraße zwischen Hannover und Berlin.

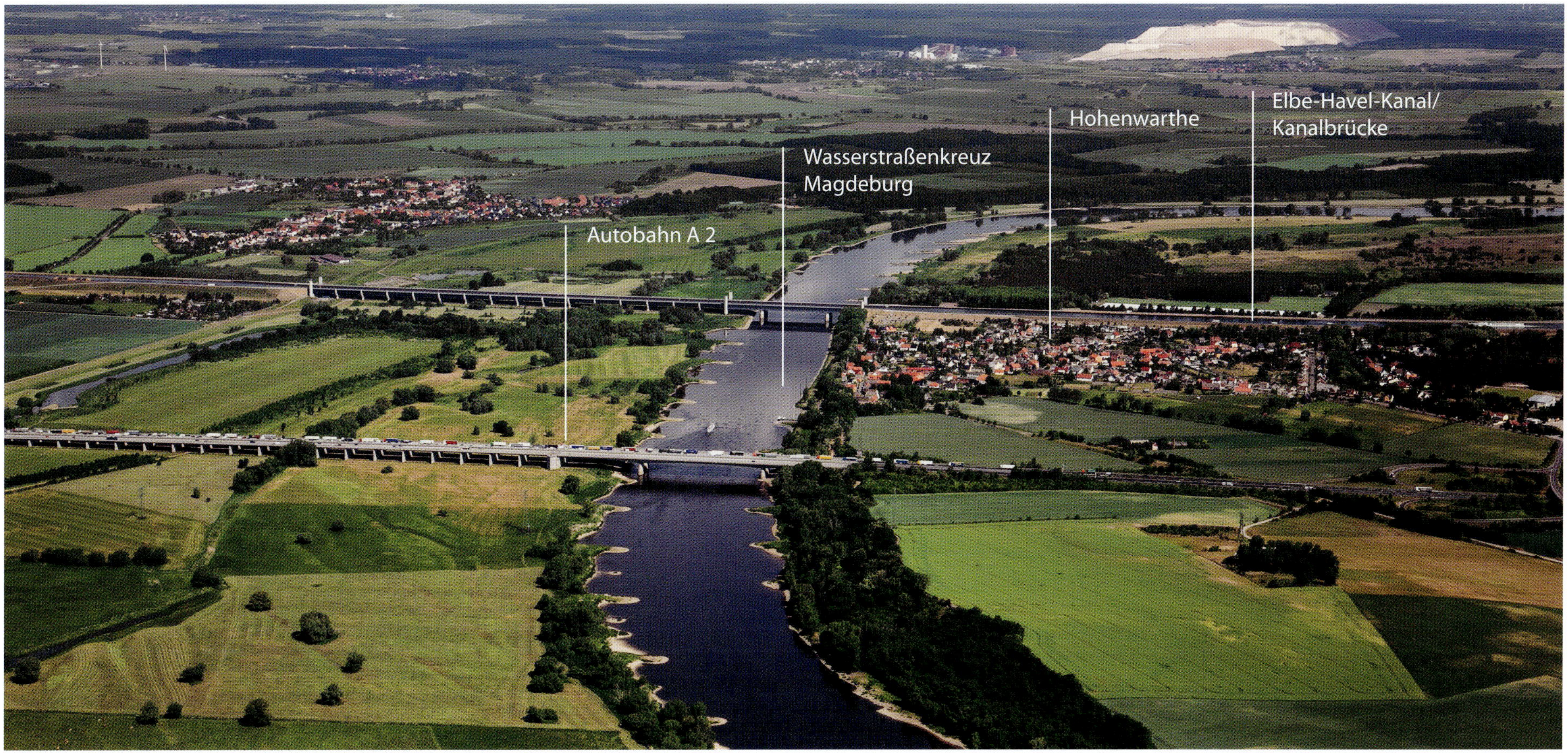

**Wasserstraßenkreuz Magdeburg**

*Nördlich von Magdeburg führt die imposante Trogbrücke Magdeburg/Hohenwarthe als Kernstück des Wasserstraßenkreuzes den Mittellandkanal über die Elbe hinweg. Sie ist die weltweit längste Kanalbrücke und Europas größte Stahlkonstruktion. Inmitten uralter Auenwälder steht die gigantische Technik der Schleusen und Hebewerke.*

Schiffshebewerk
Rothensee
Mittellandkanal

Barleber See

Kaum hat sie das Wasserstraßenkreuz passiert, begibt sich die Elbe in Sachsen-Anhalts schönen Norden. Noch gut hundert Kilometer sind es bis zur Havelmündung, einem für den Naturschutz bedeutsamen Bereich in dieser uralten Kulturlandschaft.

Die Altmark, der älteste Teil der Mark Brandenburg, ist eben und flach. Wiesenreiche Niederungen, Wälder und die Colbitz-Letzlinger Heide prägen das Bild.

Ganz im Süden ragt aus der Landschaft der „Kalimandscharo" von Zielitz heraus. Die weithin weiß strahlende, höchste Erhebung zwischen Magdeburg und Ostsee ist ein gewaltiger Salzberg. Die riesige Abraumhalde besteht aus Rückständen des Kalibergbaus. Sie wächst Tag für Tag weiter. Am Standort Zielitz befindet sich eines der weltweit größten Kaliwerke. Es fördert aus den Tiefen der Erde Salz, das die Urmeere dort vor Millionen von Jahren zurückließen.

Die Elbe fließt nun von einer Kurve zur nächsten, baut sich Sandbänke und wäscht die Ufer an anderer Stelle aus. An ihren Altarmen setzten sich im Laufe der Zeit Lehm und Ton ab, welche als wichtige Baustoffe für die Backsteinbauten dieser Region dienten.

Ein beeindruckendes Beispiel dafür ist das Kloster Jerichow im Elbe-Havel-Dreieck. Es wurde im 12. Jahrhundert als ein Stift der Prämonstratenser gegründet. Weil es in der Elbniederung an Naturstein mangelte, besannen sich die Mönche auf die aus der Antike bekannte und in Italien perfektionierte Bauweise mit gebrannten Ziegeln.
Sie ließen Lehm aus regionalen Vorkommen zu Backstein brennen und daraus das Kloster errichten. Die Prämonstratenser im Jerichower Land prägten mit dieser Romanik in Backstein nachhaltig die spätere Architektur in Mittel- und Nordeuropa.
Die Backstein-Baukunst erlebte damals einen ersten künstlerischen Höhepunkt und eroberte in der Epoche der Gotik den gesamten Raum östlich der Elbe.

**Kehnert**

*Bei Kehnert, einem Ortsteil von Tangerhütte, hat die Elbe zahlreiche Altarme hinterlassen. Zu DDR-Zeiten wurden die flachen, sandigen Uferbereiche der Region vielfach zu militärischen Übungen genutzt – für Unterwasserfahrten mit dem Panzer, Durchquerungen mit dem Schützenpanzerwagen oder für den Brückenbau durch Pioniereinheiten. Die Natur hat sich nach diesen Eingriffen allmählich regeneriert. Weiß- und Schwarzstörche, Biber, Kraniche und Fischreiher siedelten sich wieder an.*

**Bittkau**

*Bei Bittkau, ebenfalls ein Ortsteil von Tangerhütte, zweigt auf der gegenüberliegenden Elbseite der frühere Plauer Kanal ab. Er ist heute als sogenannter Abstiegskanal Teil des Elbe-Havel-Kanals.*

### Tangermünde

*In Tangermünde mündet, wie der Name besagt, der Fluss Tanger in die Elbe. Kaiser Karl IV. wählte den Ort 1373 als Nebensitz des Prager Hradschin. Doch weit länger als die Gunst des Kaisers währte die der Kaufleute. Tangermünde gehörte zur Hanse, dem mächtigsten europäischen Handelsbund im Mittelalter. Der friedliche Handel brachte der Stadt Reichtum und Wohlstand, noch immer sichtbar an den prächtigen Bauten. Neben dem Burgensemble aus Kaisers Zeiten beeindrucken in Tangermünde gewaltige Stadttore und die fast vollständig erhaltene Stadtmauer sowie das historische Rathaus mit seiner Schauwand.*

### Storkau

*In waldreicher Umgebung unweit von Tangermünde erhebt sich das Schloss Storkau am linken Elbufer. 1912 nach barockem Vorbild und im Stil des Historismus erbaut, ist das Schloss heute Hotel und Restaurant.*

**Arneburg**

*Malerisch an der Elbe liegt Arneburg, die älteste Stadt in der Altmark. Hier wurde unter Heinrich I. auf einer Hochfläche eine Burg als Grenzfeste gegen die Slawen errichtet. Diese galt im 10. Jahrhundert als ottonische Reichsburg und wichtigste Befestigung der damaligen Nordmark. Der Burgberg bietet einen wunderschönen Blick über die Elbe und ihre Auen. Bedeutendstes Bauwerk der Stadt ist die im romanischen Stil um 1200 erbaute St. Georg Stadtkirche, eine der ältesten Kirchen der Altmark.*

**Wasserübungsplatz „Elbe" der Bundeswehr**

*Unweit von Klietz wird die Elbe zum Übungsgelände für die Bundeswehr. Hier trainieren die Soldaten das Überwinden von Gewässern.*

**Wische bei Arneburg**

*Wische heißt das Feuchtgebiet westlich der Elbe. Es liegt zwischen den Städten Arneburg und Werben. Das dort vielerorts zutage tretende sogenannte Qualmwasser stammt ursprünglich aus der Elbe, die Schlick und fruchtbaren Schwemmlöss mitbrachte. Doch wegen der Feuchtigkeit ist Ackerbau trotz des fruchtbaren Bodens an dieser Stelle kaum möglich. Die Wische ist daher vorwiegend nur als Grünland nutzbar.*

**Arneburg**

*Bekannt wurde Arneburg aber vor allem wegen des zu DDR-Zeiten geplanten Kernkraftwerks, das mit Elbwasser gekühlt werden sollte. Doch diese Belastung für Fluss und Umwelt blieb aus, 1989 wurden die Bauarbeiten gestoppt und die schon errichteten Kühltürme später gesprengt. Heute steht auf dem Gelände eine der modernsten und größten Zellstofffabriken Europas.*

**Havelberg**

*Unweit des Zusammenflusses von Elbe und Havel thront hoch über dem Fluss der Dom von Havelberg. Die Geschichte der Stadt lässt sich bis ins 10. Jahrhundert zurückverfolgen, als Kaiser Otto I. dort ein Bistum gründete. Der stolze Dom wurde jedoch erst zwei Jahrhunderte später von Prämonstratensern erbaut. Bedeutsam für die Entwicklung der Stadt wurden der Fernhandel und die Zugehörigkeit zur Hanse. Selbst Zar Peter der Große traf sich einst in Havelberg mit Friedrich-Wilhelm I. zu Verhandlungen.*

*Ob die Monarchen ihre diplomatischen Bemühungen per Handschlag, wie auf dem Havelberger Pferdemarkt noch heute üblich, besiegelten, ist nicht bekannt. Dieser gilt heute als Deutschlands größter Pferdemarkt. Die gegenseitigen Abschiedsgeschenke der Monarchen jedoch gingen in die europäische Geschichte ein. Peter beglückte Friedrich mit 248 der Langen Kerls, Soldaten in einem altpreußischen Regiment. Während der preußische Soldatenkönig dem russischen Zaren das berühmte Bernsteinzimmer vermachte.*

Doch die Insel- und Domstadt im Grünen, wie sich Havelberg nennt, hat weit mehr zu bieten als große, geschichtsträchtige Vergangenheit. Die rund 7.000 Einwohner und zahlreiche Besucher finden neben Sakralbauten und einem mittelalterlichen Stadtkern auch viel Interessantes entlang der Elbe. Für Naturliebhaber gibt es zahlreiche Angebote für Touren und Beobachtungen. Havelberg liegt mitten in einem Biosphärenreservat. 2015 war die Stadt nördlichster Standort im Gebiet der Bundesgartenschau „Am blauen Band der Havel".

*„Fährmann, hol über", heißt es noch immer vielerorts an der Elbe. Wenn die nächste Brücke über den Strom weit entfernt ist, kommen Menschen und Fahrzeuge mit Fähren vom einen zum anderen Ufer. Neben motorisierten Wasserfahrzeugen gibt es an der Elbe besondere schwimmende Brücken, die ganz ohne Mannes- oder Motorkraft übersetzen. Diese Gierfähren hängen an einem mehrere hundert Meter langen, im Wasser liegenden Drahtseil. Allein die kinetische Energie des strömenden Wassers hilft hier um die Ufer zu wechseln.*

Grenzegebiet
Brandenburg/
Sachsen-Anhalt
Gnevsdorfer Vorfluter
Elbe
Wehr
Neuwerben

Nachdem die Havel das nach ihr benannte Havelberg idyllisch umrundet hat, stößt sie bald auf die Elbe. Doch bis die beiden Flüsse zu einem verschmelzen, fließen sie noch lange Zeit nebeneinander her.

Kilometer weit verläuft der kleinere parallel zum größeren Fluss. Die Havel liegt dabei etwas tiefer, wodurch bei Hochwasser die Fluten der Elbe stets in die Havel schwappen würden. Überflutungsflächen und Wehre sollen davor schützen. Bei Gnevsdorf, einem Ortsteil von Rühstädt kurz vor Wittenberge, endet die sogenannte Mündungsverschleppung der Havel. Dann nimmt die Elbe ihren Nebenfluss gänzlich auf.

Nun verlässt die Elbe Mitteldeutschland. Bei Havelberg hat sie letztmals ihre Laufrichtung geändert. Nun schwenkt sie in das Urstromtal ein. Das wird sie nach Nordwesten bis zur Nordsee führen.

# Das Elbtal
## von der Havelmündung bis nach Lauenburg

Kurz hinter Havelberg schlängelt sich die Elbe zwischen der altmärkischen Wische in Sachsen-Anhalt und der Prignitz in Brandenburg. Nach der Havelmündung hat die Elbe ihre zuvor vorwiegend nördlich ausgerichtete Talaue verlassen und fließt nun ausschließlich nach Nordwest. In der nun folgenden Region spielte der Fluss jahrzehntelang eine besondere Rolle. Die Elbe galt als Grenzfluss zweier deutscher Staaten – auf der einen Seite die BDR mit Niedersachsen, auf der anderen Seite die DDR mit Brandenburg und Mecklenburg-Vorpommern.

Bis nach Lauenburg ist die Flusslandschaft nun Lebensraum für eine große Anzahl seltener und bestandsgefährdeter Tier- und Pflanzenarten. Natur- und Umweltschützer finden hier ein etwa 140 Kilometer langes Eldorado.
Zwischen Schnackenburg und Lauenburg erfüllt die Elbaue die Kriterien eines Feuchtgebietes internationaler Bedeutung. Eine Vielzahl an Vogelarten finden hier Nahrung und Platz zum Brüten. Sie rasten und überwintern in der Elbaue.

Der Fluss windet sich in weiten Schleifen durch die Region, in der weiterhin Buhnen das Fahrwasser für die Binnenschifffahrt sichern. Enten und Gänse nutzen die Sandbänke, Strände und teilweise den Röhricht in den Buhnenfeldern als Schlaf- und Rastflächen.

Nahezu jährlich überschwemmen Hochwasser die Flächen zwischen den Deichen. Genutzt werden die Deichvorländer vorwiegend als Grünland. Hinter den Deichen gliedern Niederungen und Dünenfelder die Elbaue. Die Aue reicht in dieser Region 500 bis 8000 Meter weit ins flache Land.

Mächtige Binnendünen prägen die Landschaft etwa bei Klein Schmölen, bei Dömitz und nahe von Boizenburg. Wertvoll für den Naturschutz sind auch die Bracks, kleine, manchmal tiefe Auskolkungen in der Nähe von Deichen. Diese Biotope sind Lebensraum für viele vom Aussterben bedrohte Insekten-, Amphibien- und Fischarten. Besonders wohl in der dünnbesiedelten Region fühlt sich der Storch. Es ist, der auffallendste Vogel auf den Weiden und Wiesen im Stromtal der Mittleren Elbe. Immerhin ein Viertel von Deutschlands gesamtem Storchenbestand ist entlang der Elbe heimisch.

Dem kleinen Prignitz-Dorf Rühstädt mit nur rund 240 Einwohnern brachten die Großvögel sogar internationalen Ruhm. Bis zu 40 Storchenpaare brüten pro Jahr in dem kleinen Ort. Damit ist Rühstädt der storchenreichste Ort in Deutschland und seit 1996 auch Europäisches Storchendorf.

Schon von weitem sichtbar die Türme Wittenberges. Die Stadt zählt mit ihren 17.200 Bewohnern nicht zu den Größten entlang der Elbe. Dennoch gilt Wittenberge als einer der bedeutendsten Elbe-Anrainer zwischen Magdeburg und Hamburg. Von Wittenberge aus ist es nicht mehr weit bis zu jener Region im heutigen Vierländereck zwischen Brandenburg und Mecklenburg-Vorpommern auf der rechten sowie Sachsen-Anhalt und Niedersachsen auf der linken Flussseite. Die Region war von jeher ein dünn besiedeltes Gebiet. Während der deutschen Teilung galt der Landstrich sogar als das abgeschiedenste Gebiet Deutschlands.

Wo die Landschaft wegen der deutsch-deutschen Grenze von menschlichen Einflüssen weitgehend verschont blieb, konnte sich die Natur prächtig entwickeln.

Doch auch von der deutschen Wiedervereinigung und der fortan offenen Grenze an ihrem Lauf haben die Elbe und ihr Umland profitiert. Vor allem vielfältige Bemühungen zum Schutz vor Überflutungen haben der Landschaft gut getan. So wurden nach den Jahrhunderthochwassern zu Beginn des 21. Jahrhunderts sämtliche Ausbaupläne der Elbe gestoppt. In ihrem unteren Mittellauf bekam und bekommt sie viele natürliche Überschwemmungsflächen zurück, kleine Nebengewässer werden in einem naturnahen Zustand erhalten und Flutungspolder geschaffen. Bei Lenzen in der brandenburgischen Prignitz etwa können sich die einst die Region prägenden ausgedehnten Auenwälder nun wieder neu entfalten. Hier wurde der Deich zurückverlegt. Die Elbe bekam so neue Überschwemmungsflächen und Raum für die Dynamik wechselnder Wasserstände.

Schon bald soll die Elbe erneut ihren Charakter verändern. Auf dem letzten Stück ihres Wegs zur Nordsee wird der Fluss von den Gezeiten beeinflusst. Zunächst aber passiert die Elbe die einzige Staustufe in ihrem deutschen Flussverlauf. Diese wurde 1960 zum Schutz vor dem Tide-Einfluss südöstlich von Hamburg bei Geesthacht gebaut.

Grenzelinie
Brandenburg/
Sachsen-Anhalt

Elbdeich

Elbeport
Wittenberge

Karthane
(Nebenfluss Stepenitz)

# Wittenberge
## Industriearchitektur und -historie inmitten der "Flusslandschaft Elbe"

Die Gründerzeit brachte dem einstigen Fischer- und Schifferstädtchen Wittenberge den industriellen Aufschwung. Direkt am Elbufer wurde 1823 der Grundstein für eine Ölmühle und eine Ölhandelsgesellschaft gelegt. In den verbliebenen denkmalgeschützten Gebäuden verbindet sich heute anspruchsvolle Erlebnisgastronomie mit dem historischen Charme der einstigen Fabrik.

An die Nähmaschinenproduktion in Wittenberge erinnert der Singer Uhrenturm, eine der größten freistehenden Turmuhren Europas und Wahrzeichen der Stadt. Von der Industriehistorie der Stadt erzählt der alte Lokschuppen am traditionsreichen Bahnstandort Wittenberge. In der liebevoll sanierten Altstadt finden sich mittelalterliche Bauwerke, aber auch Relikte einer gründerzeitlichen Industriestadt. Prächtige Bürgerhausfassaden mit Jugendstilelementen und das Rathaus im Stil des Historismus zeugen vom Wohlstand der Bevölkerung in jener Zeit.

Heute versteht sich Wittenberge als Drehkreuz zwischen den Metropolen zu Wasser, auf Schienen und Straßen – mit einer aufregenden Industriearchitektur, der großzügigen Elbpromenade und der unmittelbaren Stadtlage inmitten des UNESCO-Biosphärenreservates „Flusslandschaft Elbe".

*Elbmündung der Stepenitz im Stadthafen Wittenberge*

Über hundert Jahre lang besaß Wittenberge als einzige feste Elbquerung eine Eisenbahnbrücke, die auch vom Straßenverkehr genutzt wurde.
Mit 1.030 Metern entstand Ende der 80er-Jahre dann der längste Brückenneubau der Deutschen Reichsbahn zu DDR-Zeiten.

Für die Bundesstraße 189 wurde bei Wittenberge die mit 1.110 Metern längste in der DDR errichtete Straßenbrücke gebaut.

# Die Elbe als Grenzfluss

## grenzenloses Leid für die Menschen, Atempause für die Natur

Nach dem Zweiten Weltkrieg wurde die Elbe zwischen Schnackenburg und Lauenburg zur natürlichen Grenze zunächst zwischen der Britischen und der Sowjetischen Besatzungszone, später zwischen BRD und DDR. Beide Staaten stritten ewig über den genauen Grenzverlauf – in der Mitte des Flusses meinte die eine, am Ostufer die andere Seite. Ungeachtet dessen wurde die anfangs nur schwach bewachte sogenannte Grüne Grenze am Fluss über rund 95 Kilometer dann aber doch immer mehr abgeriegelt, streng bewacht und für viele Menschen zum unüberwindlichen Hindernis.

Dass aus dem einstigen Todesstreifen entlang der Elbe eine grüne Lebenslinie, eine wahre Schatzkammer biologischer Vielfalt wurde, zeigen die Landschaften an beiden Ufern. Sie sind damit zugleich ein lebendiges Denkmal europäischer Geschichte und Bestandteil des von der Ostsee bis ins sächsisch-bayrische Vogtland reichenden „Grünen Bandes". Unter diesem Slogan haben sich mehrere Bundesländer dem Naturschutz verpflichtet. Das ganz Deutschland durchquerende Naturschutzprojekt bewahrt einzigartige Rückzugsräume für bedrohte Tiere und Pflanzen.

**Dömitz - Brücke**

*Bei Dömitz ratterten einst die Züge über Deutschlands längste Eisenbahnbrücke. Das knapp 1.000 Meter lange Bauwerk wurde im Zweiten Weltkrieg zerbombt, jedoch nicht wieder aufgebaut. Der Fluss als scharf bewachte Grenze sollte an dieser Stelle keinen neuen Überweg bekommen.*

# Dorfrepublik Rüterberg

Dömitz im Südwesten des heutigen Bundeslandes Mecklenburg-Vorpommern lag wegen seiner Nähe zur innerdeutschen Grenze im Sperrgebiet. Nicht ortsansässige DDR-Bürger durften den Ort nicht betreten. Zwar wurden bis zur politischen Wende einige Restriktionen gemildert, doch der Ortsteil Rüterberg blieb bis dahin isoliert. Die Rüterberger waren somit praktisch im eigenen Land eingesperrt. Das Dorf liegt erhöht am Ufer in einer Elbschleife auf einer Binnendüne.

Somit waren die Bewohner gefangen zwischen zwei Staaten und zusätzlich abgeschnitten von der DDR. Verlassen konnten sie ihren Wohnort nur zu bestimmten Zeiten durch ein bewachtes Tor. Aus Protest gegen diese Verhältnisse in diesem besonders abgesperrten Schutzstreifen haben sie die Dorfrepublik Rüterberg ausgerufen.

Der Ort durfte sich nach der Wiedervereinigung tatsächlich „Rüterberg, Dorfrepublik 1967–1989“ nennen.

*Am Dömitzer Hafen bietet ein Panorama-Café in 40 Metern Höhe einen zauberhaften Blick auf die Elbelandschaft. Die Hafenanlage gilt als Tor zu Mecklenburg-Vorpommern. Über die Müritz-Elde-Wasserstraße gelangen Wassersportler und Boote bis zur Mecklenburgischen Seenplatte und zu den Berliner Gewässern.*

Grenzlinie
Mecklenburg-Vorpommern/
Niedersachsen
Festung Dömitz
Dove Elde
Dömitzer
Hafen
Elde

**Elbe bei Lanz**

*Auch Lanz, eine Gemeinde im Südwesten der Prignitz, lag bis zur Wende im Grenz- und Sperrgebiet der DDR, der heutige Ortsteil Lütkenwisch gar im 500-Meter-Schutzstreifen. Die Mehrheit der Bewohner verließ damals auch gezwungenermaßen das Dorf, viele Gebäude wurden abgerissen. Damals gab es Pläne, den Ort systematisch zu entfernen.*

**Lenzen**

*In der Nähe von Lenzen stehen an der Elbe Relikte früherer Grenzanlagen, zum Beispiel ein alter Wachturm. Die kleine Stadt mit ihrem mittelalterlichen, denkmalgeschützten Kern liegt im äußersten Nordwesten Brandenburgs an der Grenze zu Mecklenburg-Vorpommern und Niedersachsen.*

**Boizenburg**

*Auch Boizenburg war während der deutschen Teilung eine isolierte Grenzstadt. Sie lag bis in die 1970er-Jahre im direkten Sperrgebiet. Nach der Wende erlebte der von einer ringförmigen mittelalterlichen Wallanlage umgebene historische Stadtkern eine Verschönerungskur. Die zahlreichen Gräben und Brücken der Innenstadt brachten Boizenburg auch den Namen Klein Venedig des Nordens ein.*

*Auch auf der westlichen Seite des Grenzflusses Elbe gedieh die Natur prächtig. Die landschaftliche Vielfalt des Elb-Urstromtals bietet hier Seen, Teiche und Altarme, Wälder, weite Wiesen und Heideflächen, hübsche Fachwerkstädtchen und eigenartige Rundlingsdörfer. Vorbei mit dieser Stille im Wendland war es jedoch ab Ende der 1970er-Jahre, als landesweite Proteste zum geplanten Atommüllendlager Gorleben Bewegung in den Landstrich brachten.*

**Schnackenburg**

*Bei Schnackenburg mündet der Aland in die Elbe. Niedersachsens östlichste Gemeinde endete bis 1990 in einer Sackgasse. Der mit rund 600 Einwohnern zu den kleinsten Städten Deutschlands zählende Ort war bis zur Maueröffnung Grenz- und Zollstation mit einem Schutzhafen für die Binnenschifffahrt. Heute führt eine Fähre über die Elbe nach Lütkenwisch in Brandenburg.*

**Gartow**

*Bei dem niedersächsischen Flecken Gartow befand sich einst eine Funkübertragungsstelle. Über die 133 Kilometer lange Richtfunkstrecke wurden während der deutschen Teilung nahezu die Hälfte aller Telefonverbindungen zwischen der Bundesrepublik und West-Berlin abgewickelt. Von den einst zwei Antennenträgern ist nur noch der 344 Meter hohe Sendemast Gartow 2 in Betrieb.*

**Hitzacker**

*Ein Kleinod im Wendland ist der Kneipp-Kurort Hitzacker. Umgeben von Wasser und Deichen bietet die kleine Stadt eine hübsche Fachwerkidylle inmitten herrlicher Natur. Sie liegt auf einer Insel in der Jeetzel, die unweit von hier in die Elbe mündet. Nachdem die kleine Stadt immer wieder von Hochwassern betroffen war, wurde sie ab 2006 zur größten wasserwirtschaftlichen Baustelle in Niedersachsen. Neu entstanden sind seither ein Schöpfwerk, ein Siel und eine Hochwasserschutzwand, die beim 2013er-Hochwasser die Stadt bereits vor Unheil bewahrt hat.*

**Bleckede**

*Von der deutschen Teilung arg betroffen war Bleckede. Die innerdeutsche Grenze verlief mitten durch die Stadt. Die rechtselbischen Stadtteile Neu Bleckede und Neu Wendischthun gehörten zur DDR, der Rest blieb niedersächsisch. Seit 1993 ist die Stadt wieder vereint.*

*Im Elbschloss Bleckede hat das Biosphaerium Elbtalaue sein Domizil. Auf über 1.000 Quadratmetern Ausstellungsfläche dreht sich dort alles um die einzigartige Natur der Flusslandschaft Elbe.*

**Hohnstorf**

*Hohnstorf liegt am südelbischen Ufer direkt gegenüber der alten Schifferstadt Lauenburg.*

**Lauenburg**

*Blick auf Lauenburg am nördlichen Ufer der Elbe, die hier die Grenze zwischen Schleswig-Holstein und Niedersachsen bildet. Im Stadtgebiet zweigt der Elbe-Lübeck-Kanal ab und etwa drei Kilometer westlich bei Artlenburg der Elbe-Seitenkanal.*

Staustufe
Geestacht
Europas größte
Fischtreppe
Grenzlinie
Schleswig-Holstein/
Niedersachsen
Schleuse Geesthacht

**Geesthacht**

*142 Kilometer oberhalb der Elbmündung befindet sich die Staustufe Geesthacht. Die ist neben dem festen Niedrigwasserwehr bei Magdeburg die einzige Staustufe an der Elbe auf deutschem Gebiet. Die Anlage grenzt die durch die Gezeiten beeinflusste Unterelbe von ihrem mittleren Lauf ab. Auf der Wehrbrücke und auf der Schleusenbrücke überquert eine Bundesstraße den Strom. Im Staubereich von Geesthacht befinden sich das stillgelegte Kernkraftwerk Krümmel und ein Pumpspeicherwerk, für das die aufgestaute Elbe das Unterbecken bildet.*

**Hitzler-Werft in Lauenburg**

*Seit 1885 werden auf der Werft, ca. 50 km östlich von Hamburg, Schiffe gebaut und repariert.*

# Das Elbtal von Hamburg bis zur Mündung in die Nordsee

Seit Usti nad Labem, wo die Elbe zum letzten Mal auf tschechischem Territorium angestaut wurde, konnte sie mehrere Hundert Kilometer weit frei fließen. Nun aber wird der Strom wieder gebändigt, an der Staustufe Geesthacht – einem Wehr mit vier 50 Meter breiten Öffnungen und einer Doppelschleusenanlage.

Hier beginnt die Untere Elbe. Noch hat der Fluss einen recht weiten Weg vor sich, ehe er gänzlich von der Nordsee aufgenommen wird. Dennoch ist das Meer im Fluss schon jetzt zu spüren. Ebbe und Flut machen sich bemerkbar, der Salzgehalt des Wassers nimmt zu. Elbästuar wird dieser natürliche Lebensraum an der Flussmündung genannt.
Mit mehr als 140 Kilometer Länge ist das Gebiet ein einzigartiges Naturrefugium.
Schon bald nach der Staustufe Geesthacht erreicht die Elbe den Giganten unter ihren Anrainer-Städten – die Freie und Hansestadt Hamburg. Zunächst werden im Stadtteil Bergedorf die fruchtbaren Vier- und Marschlande passiert. Dem hier reichlich fließenden Wasser trotzten die Menschen schon sehr früh Lebensraum für sich ab.

Die Gegend, die einst aus zahlreichen Inseln im Urstromtal der Elbe bestand, wurde mit Grabensystemen und Deichen versehen.
In diesem größten Garten Norddeutschlands gedeihen Getreide, Obst, Gemüse und Blumen bestens. Das Vieh findet gutes Weideland.
Alte Kirchen und hübsche Bauernhäuser zieren die Landschaft.

Das Wasser ist das bestimmende Element in der Millionenstadt Hamburg. Das riesige Netz aus Kanälen und Fleeten, der Alster und Bille sowie zahlreichen Nebenflüssen und natürlich der Elbe bilden ein Binnendelta. Einst hat sich der riesige Strom im Gezeitenstau zwischen unzähligen Inseln und Sänden vielarmig aufgeteilt, um sich dann im breiten Mündungsschlauch wieder zu sammeln und der Nordsee entgegen zu fließen. Heute bietet sich ein anderes Bild. Die Elbe hat sich kurz vor den Toren Hamburgs in Norder- und Süderelbe geteilt.

Die beiden Elbarme umschließen den größten Teil des Hamburger Hafengebietes sowie die auf Inseln entstandenen Stadtteile Wilhelmsburg und Vedel. Nach 15 Kilometern vereinen sich die beiden Elbstränge gegenüber dem Altonaer Balkon wieder zu einem Fluss.

Binnen-/
Außenalster

St. Pauli
Landungsbrücken

Elbphilharmonie
Hamburg

Norderelbe

Cuxhaven

Grimmershörnbucht

Nationalpark
Schleswig-Holsteinisches Wattenmeer

Der letzte Flussabschnitt, die sogenannte Niederelbe, ist geprägt von einer Vielzahl von Binneninseln entlang der Ufer und mitten im Strom. Der schwillt bis Cuxhaven auf eine Breite von beachtlichen 18 Kilometern an. Dazwischen liegt der noch immer gut hundert Kilometer lange Mündungstrichter der Elbe.
Der Fluss ist an dieser Stelle eine der am stärksten befahrenen Wasserstraßen in Europa, mit Zugang sowohl zum Hamburger Hafen als auch zum Nord-Ostsee-Kanal. Bis auf wenige Abschnitte in Hamburg wird die Elbe hier beidseitig von weiten fruchtbaren Marschen begleitet, die das Landschaftsbild prägen.

In Niedersachsens Altem Land, einem der größten Obstbaugebiete Mitteleuropas, reifen auf 10.700 Hektar Äpfel, Kirschen, Birnen und anderes Obst. Die Region Dithmarschen in Schleswig-Holstein indes ist vor allem für Kohl bekannt.

In Cuxhaven markiert die Kugelbake schließlich den Endpunkt des langen Elblaufs von der Quelle bis zur Mündung. Doch noch will der Strom nicht gänzlich im salzigen Wasser der Nordsee aufgehen, mischt ihm im Wattenmeer als Außenelbe noch kilometerweit sein Süßwasser bei. Das ist weithin sichtbar durch eine besondere Farbgebung in der Helgoländer Bucht.

*Wattenmeer-Insel Neuwerk:*
*Grüne Insel nordwestlich von Cuxhaven*

# Hansestadt und Hafen Hamburg

## Maritimes Flair am Elbufer

Viel Wasser und maritimes Flair locken Jahr für Jahr Millionen Gäste in die Freie und Hansestadt Hamburg. Die beeindruckt mit dem Anblick ihrer Hafenkräne, den Schiffen aus aller Welt und zahlreichen Veranstaltungen auf und am Wasser. Hamburg liegt nicht nur an der Elbe, sondern auch an Bille und Alster, und gilt mit etwa 2.500 Brücken als eine der brückenreichsten Städte in Europa. Dass Hamburg auch als das Venedig des Nordens bezeichnet wird, hat die Hansestadt den unzähligen Kanälen zu verdanken. An den Fleeten reihen sich viele Cafés und Restaurants.

Beeindruckend ist auch Hamburgs historische Speicherstadt, der größte zusammenhängende Lagerhaus-Komplex der Welt. Als die Lager hinter den denkmalgeschützten roten Backsteinfassaden in wilhelminischer Schönheit unwirtschaftlich wurden, etablierte sich in den alten Gemäuern neues Leben. Heute wird hier gewohnt und gearbeitet, junge Firmen gründen sich, Touristenattraktionen wie eine riesige Modelleisenbahnanlage locken. Die Speicherstadt gehört seit 2015 zum UNESCO Welterbe. Andere Lagerhallen indes wurden abgerissen und machten Platz für moderne Häuser und einladende Uferpromenaden. Die neue Hafen City gilt mit ihren 155 Hektar als größtes innerstädtisches Stadtentwicklungsprojekt Europas. Hier sollen einmal 12.000 Menschen leben und 40.000 Büroarbeitsplätze entstehen. Im Sommer beleben Hamburger und Gäste der Stadt die Elbstrände und Beachclubs entlang des Hafens. Hier lassen sich der weite Blick, viel frische Luft und Licht wunderbar genießen. Kaum eine andere Stadt bietet so viele Spazierstrecken und Sehenswürdigkeiten am Wasser wie Hamburg.

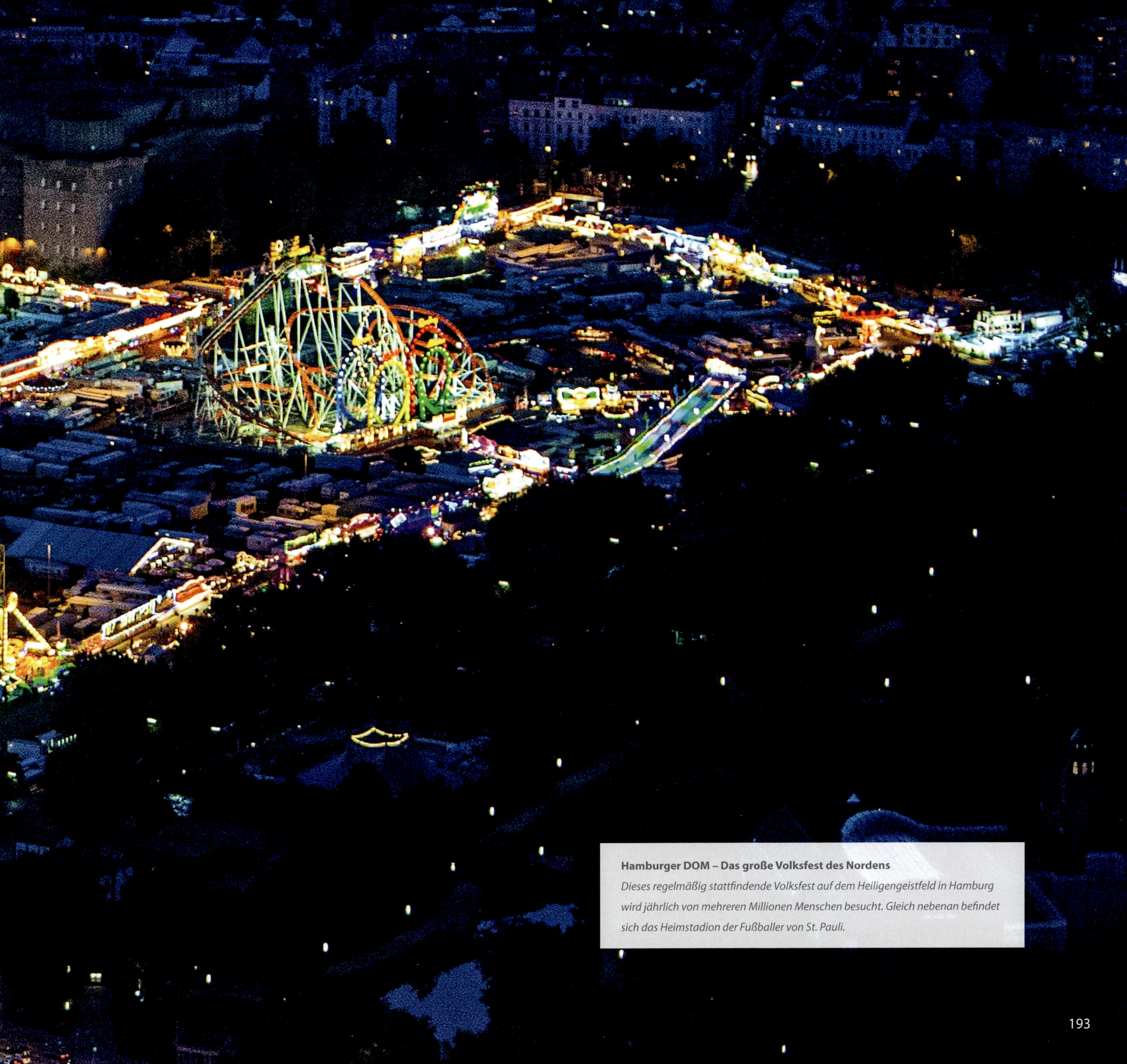

**Hamburger DOM – Das große Volksfest des Nordens**

*Dieses regelmäßig stattfindende Volksfest auf dem Heiligengeistfeld in Hamburg wird jährlich von mehreren Millionen Menschen besucht. Gleich nebenan befindet sich das Heimstadion der Fußballer von St. Pauli.*

**Hamburger Rathaus**

*Das Rathaus wurde im Stil der Neorenaissance von 1886 bis 1897 errichtet.*

*Mit 112 Metern ragt der Turm prachtvoll und markant in die Höhe und prägt somit das Stadtbild Hamburgs.*

**Athabaska-Höft im Hamburger Hafen**

*Moderne Containerumschlagsanlage am Athabaska-Kai nahe dem Leuchtturm Waltershof, gegenüber dem Stadtteil Övelgönne*

**Elbphilharmonie**

*Das Konzerthaus, entworfen von Herzog & de Meuron ist Hamburgs neues Wahrzeichen auf dem traditionsreichen Kaispeicher im Hamburger Hafen und wurde nach fast zehn Jahren Bauzeit im Oktober 2016 fertiggestellt. Als höchstes Gebäude der Stadt mit der öffentlichen Aussichtsplattform "Plaza" bietet die Elbphilharmonie einen atemberaubenden Rundumblick auf Stadt und Hafen.*

Grenze
Niedersachsen/
Hamburg

Naturschutzgebiet
Neßsand

**Hamburg Finkenwerder Airport**

*10 Jahre nach dem Zweiten Weltkrieg wurde die Anlage gebaut. Ursprünglich wurde sie als Werksflugplatz genutzt. Heute dient der Flugplatz als Sonderlandeplatz der Airbus Operations GmbH im Rahmen von Test- und Auslieferungsflügen sowie Materialtransporten.*

Falkensteiner
Ufer
AIRBUS
Emirates
CHINA SOUTHERN
Emirates
THAI

Die Ursprünge der Stadt reichen bis zum Anfang des 9. Jahrhunderts zurück. Auf einem zu Alster und Elbe verkehrsgünstig gelegenen Platz entstand die Hammaburg mit einer Taufkirche. Heute ist Hamburg – als Stadtstaat zugleich ein deutsches Bundesland – mit fast 1,8 Millionen Einwohnern nach Berlin nicht nur zweitgrößte Stadt der Bundesrepublik. Es ist auch drittgrößte Stadt im deutschen Sprachraum und achtgrößte Metropole in der EU.

In der Region Hamburg leben fünf Millionen Menschen, von denen Tausende im und rund um den Hafen arbeiten, der mit knapp 7.400 Hektar der größte Überseehafen Deutschlands ist. Der auch international bedeutsam ist. Rund 10.000 Schiffe kommen hier im Jahr an. Die 43 Kilometer lange Kaimauer bietet 300 Liegeplätze für Seeschiffe. Mehr als 1.100 Güterzüge pro Woche fahren den Hafen an. Zu dem gehören auch vier moderne Containerterminals. 7.300 Logistik-Unternehmen haben sich innerhalb der Stadtgrenzen angesiedelt. Der Hamburger Hafen gilt heute als einer der flexibelsten und leistungsfähigsten Universalhäfen der Welt, der auch von einer zunehmenden Anzahl von Kreuzfahrtschiffen angelaufen wird.

Hamburg ist zudem wichtiger Wirtschafts- und Wissenschaftsstandort, bedeutsam unter anderem für Spitzentechnologien der Luft- und Raumfahrttechnik, für Biowissenschaften und Informationstechnik, für die Konsumgüterbranche sowie für Medienunternehmen und die Kreativwirtschaft.

# Weltnaturerbe Wattenmeer

Kurz bevor die Elbe endgültig in der Nordsee aufgeht, wird sie Bestandteil eines Naturschauspiels, das von der UNESCO ebenfalls mit dem Status „Welterbe" geadelt wurde. Ebbe und Flut bestimmen den Lebensrhythmus im Wattenmeer. Das steht mit dem UNESCO-Status auf einer Stufe mit Naturwundern wie dem Grand Canyon in den USA oder dem Great Barrier Reef in Australien. Ist es doch genauso einzigartig.

Denn obwohl 70 Prozent der Erdoberfläche mit Ozeanen bedeckt sind, gibt es das Wattenmeer in dieser Form nirgends sonst auf dem Globus. Der faszinierende Naturraum erstreckt sich von den Niederlanden bis nach Dänemark. Das Wattenmeer gehört mit rund 10.000 Quadratkilometern Wattfläche, Prielen und Flachwasser, Sandbänken und Dünen sowie Salzwiesen zu den größten natürlichen Lebensräumen in Europa.

*Blick auf das „Fährmannssand" hinter Wedel*

*Gemüseanbau an der Elbe*

Lühesand
Campingplatz

Haseldorfer Binnenelbe
Sportboothafen
Haseldorf

Das Hamburgische Wattenmeer als Teil des Wattenmeeres der Nordsee ist eine Exklave der Freien und Hansestadt Hamburg im Mündungsgebiet der Elbe. Von Glückstadt bis Cuxhaven mischen sich dort regelmäßig Salz- und Süßwasser. Süßwasserwatte sind weltweit eine große Seltenheit. In diesen ganz speziellen Lebensräumen hat die Natur Pflanzen und Tiere mit besonderen Fähigkeiten ausgestattet. Als Spezialisten und Überlebenskünstler trotzen sie auf den Wattflächen bei Ebbe Sonne, Wind und Regen im Sommer, sowie Frost, Eisgang und Schneefall im Winter. Auch Sturmfluten und starken Wellengang müssen Flora und Fauna hier aushalten. Jede Flut bringt aber auch Nährstoffe und organische Substanzen in das Areal, das idealer Lebensraum mit reichhaltigem Nahrungsangebot für eine artenreiche Tierwelt ist.

Wegen der schmalen schiffbaren Rinne im Wattenmeergebiet von Hamburg müssen Schiffe im Mündungsbereich schon weit vor der Küste gelotst werden. Bis in die 1970er-Jahre hinein markierten sogenannte Feuerschiffe die Fahrrinne. Auch die Kugelbake diente als Orientierungshilfe für die Seefahrt. Geografisch endet an diesem hölzernen Wahrzeichen von Cuxhaven die Elbe und die Nordsee beginnt. Aus nautischer Sicht markiert die Kugelbake den Übergang von der Unter- zur Außenelbe.

*Blick auf den Nord-Ostsee-Kanal (Kiel Canal)*

**Das Wattenmeer**

*In weiten Flächen des Wattenmeeres weicht das Wasser zweimal täglich unter dem Einfluss von Ebbe und Flut. Die vom Wasser befreiten Flächen während der Ebbe heißen Wattflächen.*

# Abschied von der Elbe

Von ihrer Quelle im Tschechischen Riesengebirge hat die Elbe nun mehr als tausend Kilometer zurückgelegt, auf ihrem Weg die beiden deutschen Landeshauptstädte Dresden und Magdeburg sowie die Hansestadt Hamburg passiert. Nun ist der Strom an seinem Ziel angekommen, der Nordsee.

Zum Abschluss ihrer Reise wird die Elbe nochmals zum einzigartigen Naturrefugium. Der Mündungstrichter der Elbe ist Deutschlands längstes und größtes Ästuar. Der Superlative gibt es jedoch viele am zweitlängsten Fluss der Bundesrepublik. Dessen Einzugsgebiet gehört zu den Größten in Mitteleuropa. Vier Staaten – Deutschland, Tschechien, Österreich und Polen – haben daran Anteil. In Deutschland werden zehn der 16 Bundesländer von der Elbe oder ihren Nebenflüssen durchströmt.

*Kugelbake (See- und Wahrzeichen von Cuxhaven)*

Als einer von wenigen europäischen Flüsse blieb die Elbe in großen Teilen weitgehend naturnah erhalten. Immer mehr Natur- und Kulturliebhaber wollen deren Faszination erleben. Sie kommen direkt auf dem Wasser mit Booten, Ausflugsdampfern oder Kreuzfahrtschiffen oder radeln entlang der Ufer auf Deutschlands beliebtesten Radfernweg.

Ganz andere Perspektiven hat der Fotograf Peter Schubert entdeckt. Er hat diese einzigartige Natur- und Kulturlandschaft mitten in Europa von der Luft aus erlebt. Sein Flug folgte dem Lauf der Elbe von der Quelle in Tschechien bis zur Mündung in die Nordsee. Seine Bilder zeigen schroffe Täler, Burgen, malerische Städte und Schlösser, UNESCO-Welterbestätten, großräumige Naturschutzgebiete und Nationalparks.

Die Elbe als Lebensader trennte einst die Menschen zwischen Ost und West. Heute vereint sie die Bewohner an den Ufern, die sich zum Schutz von Natur und Landschaft verbünden. So bleibt das Erlebnis Elbe auch späteren Generationen erhalten.

*Landspitze mit Kugelbake an der Elbmündung in Cuxhaven, dem nördlichsten Punkt der Stadt und somit auch von Niedersachsen.*

Nationalpark
Schleswig-Holsteinisches Wattenmeer
Alte Liebe
Kugelbake und
Kugelbakehafen
Grimmershörnbucht
Fort Kugelbake
Elberadweg

Impressum



Fotografie: Peter Schubert
Texte: Gudrun Oelze
Lektorat: Annechristin Bonß


1. Auflage 2017
ISBN 978-3-941977-69-3

Verlagsinformationen
www.k4verlag.de

# Ebenfalls im K4Verlag erschienen ...

Mit seinen großformatigen Luftaufnahmen nimmt uns der Luftbildfotograf Peter Schubert mit auf einen atemberaubenden Flug entlang des Havelverlaufes – vom Quellgebiet bei Ankershagen, über die Weite der Wiesen und Waldeinsamkeiten, über idyllische Dörfer und kulturreiche Städte, bis hin zur Mündung in die Elbe bei Havelberg. Die Texte des Autors Manfred Reschke bilden die informative und unterhaltsame Begleitung auf dieser imposanten Bilderreise.

Format 28 x 26 cm, Hardcover

204 Seiten | ISBN 978-3-941977-61-7 | 24,90 EUR

168 Seiten | ISBN 978-3-941977-71-6 | 19,90 Euro

224 Seiten | ISBN 978-3-941977-55-6 | 29,90 Euro

224 Seiten | ISBN 978-3-941977-09-9 | 39,80 Euro

## Unsere Bildband-Serien „Von oben - Tag & Nacht“, "Gestern & heute" und "Ostseeblicke"

In diesen Bildbänden begleiten wir Peter Schubert auf seinen Rundflügen über ausgewählte deutsche Großstädte und reizvolle Landschaftsregionen. In faszinierenden Aufnahmen bei Tag und Nacht offenbaren sich uns die Schönheit, der Reichtum und die besondere Ausstrahlung dieser Städte. Selbst scheinbar Bekanntes birgt Überraschungen und lässt sich aus der Vogelperspektive völlig neu entdecken.

Format 26 x 21 cm, Hardcover

96 Seiten | ISBN 978-3-941977-31-0 | 16,90 Euro

108 Seiten | ISBN 978-3-941977-34-1 | 17,90 Euro

128 Seiten | ISBN 978-3-941977-33-4 | 18,90 Euro

108 Seiten | ISBN 978-3-941977-37-2 | 18,90 EUR

144 Seiten | ISBN 978-3-941977-32-7 | 19,90 Euro

96 Seiten | ISBN 978-3-941977-35-8 | 16,90 Euro

144 Seiten | ISBN 978-3-941977-68-6 | 18,90 EUR

96 Seiten | ISBN 978-3-941977-36-5 | 16,90 Euro

168 Seiten | ISBN 978-3-941977-75-4 | 21,90 Euro

132 Seiten | ISBN 978-3-941977-67-9 | 18,90 EUR